D1441704

Ricardo Sidicaro

JUAN DOMINGO
PERÓN

LOS NOMBRES
DEL PODER

cfe

FONDO DE CULTURA ECONÓMICA

DIRECTOR GENERAL
Miguel de la Madrid Hurtado

Los Nombres del Poder

EDITOR	Alejandro Katz
DIRECTOR	Luis Alberto Romero
JEFA DE PROYECTO	María Florencia Ferre
SECRETARIO DE REDACCIÓN	Lucas Luchilo
INVESTIGACIÓN ICONOGRÁFICA	Graciela García Romero
	Susana Zicarelli
FOTOGRAFÍAS	Graciela García Romero
DISEÑO Y DIAGRAMACIÓN	Carmen Piaggio
COMERCIALIZACIÓN	Horacio Zabaljáuregui
PROMOCIÓN	Alejandro Archain
PLAN DE MARKETING	Alberto Wilensky
ADMINISTRACIÓN Y FINANZAS	María Cristina Rodríguez

AGRADECIMIENTOS
Archivo General de la Nación
Biblioteca Nacional
Instituto Histórico Municipal
Museo de la Ciudad
Museo del Cine Pablo C. Ducrós Hicken
Museo Histórico Nacional
Unión Ferroviaria

Películas y fotocromos: Buenos Aires, Autoedición y
Fotocromos, Perón 1628 4º A, 1037 Capital Federal.
Impreso en el mes de octubre de 1996 en Artes Gráficas
Corín Luna, Gregorio de Laferrère 1331/33, Capital
Federal, República Argentina.
© 1996 Fondo de Cultura Económica, Suipacha 617;
1008 Buenos Aires
ISBN: 950-557-223-9
Queda hecho el depósito que marca la ley 11.723

RICARDO SIDICARO

Trabajadores: Hace casi dos añ... ...cones, dije que tenía tres honras en mi vida: la de ser soldado... ...la de ser el primer trabajador argentino. Hoy, a la tarde, el Poder Ejecutivo ha firmado mi solicitud de retiro del servicio activo del ejército. Con ello he renunciado voluntariamente, al más insigne honor a que puede aspirar un soldado: llevar las palmas y laureles de general de la nación. Ello lo he hecho porque quiero seguir siendo el Coronel Perón, y ponerme con este nombre al servicio integral del auténtico pueblo argentino. Dejo el honroso uniforme que me entregó la patria, para vestir la casaca del civil y mezclarme con esa masa sufriente y sudorosa que elabora el trabajo... la paz... mi abrazo final a esa institución que... el primer abrazo a esta masa, grandiosa que representa... había muerto en la República: la verdadera civilidad del pueblo argentino. Esto es pueblo. Esto es el pueblo sufriente, que... reivindicar. Es el pueblo de la patria. Es el mismo pueblo que en esta histórica plaza pidió frente al Congreso que se respetara su voluntad y su derecho. Es el mismo pueblo, que ha de ser inmortal, porque no habrá perfidia ni maldad humana que pueda estremecer este pueblo grandioso en sentimiento y en número. Esta verdadera fiesta de la democracia, representada por un pueblo que marcha ahora también para pedir a sus funcionarios que cumplan con su deber para llegar al derecho del verdadero pueblo. Muchas veces he asistido a reuniones de trabajadores. Siempre he sentido una enorme satisfacción: pero desde hoy sentiré un verdadero orgullo de argentino porque interpreto este movimiento colectivo como el renacimiento de una conciencia de los trabajadores, que es lo único que puede hacer grande e inmortal a la patria. Hace dos años pedí confianza. Muchas veces me dijeron que ese pueblo a quien yo sacrificara mis horas de día y de noche, había de traicionarme. Que sepan hoy los indignos farsantes que este pueblo no engaña a quien lo ayuda. Por eso, señores, quiero en esta oportunidad como simple ciudadano, mezclarme en esta masa sudorosa, estrecharla profundamente co... ...ía hacer con mi madre.

JUAN DOMINGO PERÓN

LA PAZ Y LA GUERRA

cfe

LOS NOMBRES DEL PODER

GUÍA
PARA UNA FÁCIL LECTURA

Retrato del personaje   *9*

Los partidarios de Perón reconocieron en él al hacedor de una mayor igualdad social; sus adversarios lo vieron como el principal responsable de la pérdida de libertades (p. 10). Después de una trayectoria convencional en el ejército, Perón se acercó a la política en el golpe de 1930 (p. 13). Hombre de confianza del ministro de Guerra, fue enviado a Chile y más tarde, tras la muerte de su primera esposa, viajó a Europa, donde observó con atención la experiencia fascista (p. 20). A su regreso al país, fue protagonista importante del movimiento militar que derrocó al presidente Castillo (p. 23). Partidario de la armonía entre el capital y el trabajo, a partir de 1944, Perón fue asociado a las demandas del sindicalismo (p. 25). La ampliación de su influencia política y su relación con Eva Duarte le granjearon cada vez mayores resistencias fuera y dentro del gobierno (p. 27). El 9 de octubre de 1945 Perón renunció a todos sus cargos; ocho días más tarde, una masiva concentración popular lo instaló definitivamente en el centro de la escena política argentina (p. 31). Su presidencia estuvo marcada a la vez por los logros sociales y la limitación de las libertades públicas (p. 37). El conflicto con la Iglesia Católica catalizó a las fuerzas opositoras y condujo al golpe militar de 1955 (p. 43). Perón, proscripto y exiliado, procuró mantener el ascendiente sobre sus partidarios y sobre los dirigentes sindicales y políticos del peronismo (p. 48). El fracaso de la Revolución Argentina y la movilización social y política de principios de la década de 1970 abrieron la posibilidad del retorno del ya anciano líder (p. 53). En 1973 triunfó ampliamente en las elecciones presidenciales, en un contexto dominado por el enfrentamiento dentro del peronismo (p. 61). Murió poco menos de un año más tarde (p. 69).

El tribunal de la historia   *75*

La personalidad y la acción política de Perón generaron adhesiones incondicionales y rechazos crispados; en escasas ocasiones, intentos de interpretación equilibrados. Enrique Eduardo García, peronista de origen radical, formula en 1947 una apología de Perón (p. 76). Héctor J. Cámpora, en su discurso de asunción presidencial, destaca la vigencia popular de Perón a través de 18 años de proscripción (p. 78). Julio Irazusta, figura consular del revisionismo histórico, denuncia en 1956 la codicia de Perón (p. 80). En 1993 Emilio Hardoy, destacado dirigente conservador, traza un paralelo entre Rosas y Perón y reitera las denuncias de corrupción del régimen peronista (p. 82).

En esta sección se encuentran algunos textos que revelan aspectos significativos del pensamiento de Perón. El discurso pronunciado el 17 de octubre de 1945 desde el balcón de la Casa Rosada inaugura una modalidad de comunicación que se convirtió en característica del peronismo (p. 88). Una conferencia pronunciada en 1947 revela la concepción de Perón acerca del papel de la oposición dentro de su gobierno (p. 90). Un texto de 1963 muestra la coexistencia de perspectivas tradicionales de Perón con un tono más radicalizado (p. 94). Esa perspectiva se acentúa en el *Mensaje a la juventud* de octubre de 1965 (p. 97). El mensaje del 1º de octubre de 1973, pocos días después del asesinato de Rucci, denuncia el "imperialismo capitalista" y el "imperialismo marxista" (p. 98). En su discurso del 12 de junio de 1974, Perón se despide desde los balcones de la Casa Rosada (p. 100).

Cronología   *102*

La cronología amplía la información sobre la vida de Perón, y la ordena en sus principales etapas: la infancia, los primeros tiempos militares, la entrada en la política, los años decisivos de 1944 y 1945, los gobiernos, el exilio, el retorno y la muerte. La vida de Perón es acompañada por una cronología de los hechos principales de la historia nacional y mundial.

Bibliografía   *108*

En la bibliografía se incluyen las referencias a los principales textos de Perón: sus libros, sus discursos, su correspondencia y sus entrevistas. Se presenta también una selección de los principales trabajos sobre Perón, con una orientación general para su lectura. La sección incluye también trabajos sobre el contexto sociopolítico en el que se desarrolló la vida pública de Perón.

Las imágenes

Entre las imágenes encontramos algunos personajes importantes en la vida de Perón. Diversos conjuntos temáticos organizan las imágenes relacionadas con su vida privada y pública: la infancia (p. 14), recuerdos de sus primeros años como militar (p. 17), testimonios de la década de 1930 (p. 20), las fotos de su ascenso político a partir de 1943 (p. 22), su relación con Eva Duarte (p. 24), las imágenes del 17 de octubre (p. 28), la campaña electoral (p. 32), imágenes de diferentes aspectos de su gobierno (p. 34), los opositores (p. 44), testimonios de la fase final de su gobierno (p. 51), las fotos del exilio (p. 54), las imágenes del retorno (p. 62), los retratos de Perón (p. 64), los testimonios de su última presidencia (p. 68) y los días finales (p. 71).

Juan Domingo PERÓN

LA PAZ Y LA GUERRA

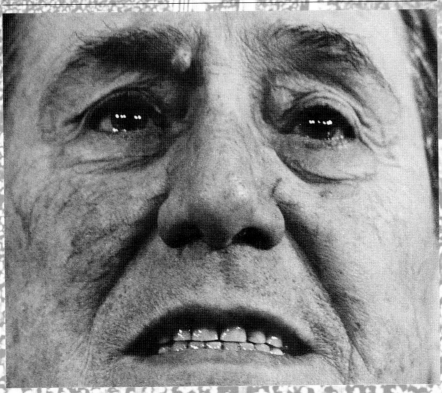

EN LA DÉCADA DE 1940 EL PAÍS SE PARTIÓ EN DOS. LA MAYORÍA DE LOS INTEGRANTES DE UNO Y OTRO BLOQUE FUNDABA SUS OPCIONES EN HECHOS; UNOS —LOS MÁS A LA HORA DE VOTAR— ADHIRIERON A LA IGUALDAD SOCIAL; LOS OTROS, APENAS MENOS NUMEROSOS, SE DECIDIERON POR LA DEFENSA DE LA LIBERTAD. SUS VALORES NO

eran totalmente antagónicos ni excluyentes, pero en la crispación del enfrentamiento así parecieron creerlo.

Un hombre se convirtió en símbolo de la división. En sus acciones, sus partidarios reconocieron al hacedor de una mayor igualdad social, que seguramente hubiesen conseguido sin él; sus adversarios, en cambio, lo vieron como el principal responsable de la pérdida de libertades, muchas de ellas inexistentes antes, y extraviadas con frecuencia después de él. Con el tiempo, estos dos grandes bandos diluyeron sus fronteras y los entusiasmos y fervores que otrora dividían a la sociedad se debilitaron. Persistió, en cambio, la discusión, en el borde del encono, sobre la actuación, los méritos y las bajezas del hombre que había personificado el desencuentro. Si la confrontación de ideas en torno de él no disminuyó, ello se debió, probablemente, a su particular estilo de acción y de expresión: había pregonado casi al mismo tiempo la sutura y la ruptura, la paz y la guerra.

Quien escribe una biografía política de Juan Domingo Perón debe atravesar un campo minado por los valores de unos y otros. ¿No es acaso posible pensar las contiendas sin confundirse con los actores, pasar revista a un espectro de posiciones sin adjudicar la razón y la verdad a alguna de ellas? Esta no es, por cierto, una actitud usual cuando se aborda una vida política controvertida, de manera que no faltará quien se moleste por el intento de buscar la articulación entre las iniciativas de Perón y el momento histórico y social, relativizando así su participación subjetiva, ensalzada por unos y condenada por otros. Quizá cause igual fastidio el intento de comprender el sentido de sus acciones en su combinación de

EL APOGEO DE PERÓN
ACTO PÚBLICO DURANTE SU PRIMERA PRESIDENCIA. ACOMPAÑAN A PERÓN EN EL PALCO EVITA Y ALGUNOS DE LOS PRINCIPALES COLABORADORES DEL PRESIDENTE: HÉCTOR CÁMPORA, PRESIDENTE DE LA CÁMARA DE DIPUTADOS DESDE 1948; JOSÉ ESPEJO, SECRETARIO GENERAL DE LA CGT; ÁNGEL BORLENGHI, MINISTRO DEL INTERIOR; JOSÉ MARÍA FREYRE, SECRETARIO DE TRABAJO Y PREVISIÓN, Y RAÚL APOLD, SECRETARIO DE PRENSA Y DIFUSIÓN.

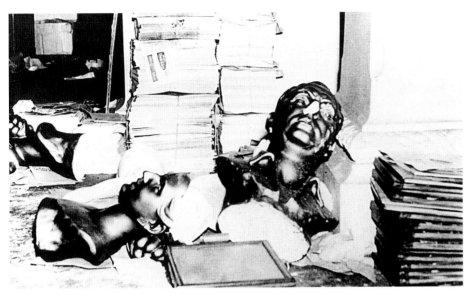

TIEMPO DE REVANCHA. LA DESTRUCCIÓN DE LOS SÍMBOLOS DE PERÓN Y DE EVITA FUE UN RASGO CARACTERÍSTICO DE LA REVOLUCIÓN LIBERTADORA. EL DECRETO-LEY 4161/56 PROHIBIÓ «LAS IMÁGENES, SÍMBOLOS, SIGNOS, EXPRESIONES SIGNIFICATIVAS, DOCTRINAS, ARTÍCULOS Y OBRAS ARTÍSTICAS [...] PERTENECIENTES A O EMPLEADOS POR LOS INDIVIDUOS REPRESENTATIVOS DE ORGANISMOS DEL PERONISMO».

cálculo racional, estimaciones valorativas, reproducción tradicional de lo aprendido y motivaciones afectivas; se equivocarán quienes crean ver allí una justificación del personaje o una minimización de su importancia.

Ni juguete de las estructuras ni demiurgo de la historia, la figura de Perón aparece en este texto a partir de preguntas distintas de las de un tribunal de justicia. Más modesta en sus objetivos, esta biografía analiza los cómo y los por qué, para responder desde certezas relativas y argumentaciones verosímiles. No hay otra meta que la de recrear con intención explicativa un período de nuestra historia social y política para hacer inteligible la trayectoria de uno de sus líderes más influyentes, cuyas iniciativas pesaron de manera decisiva en ciertas circunstancias y, en otras, fueron casi producto de ellas.

Todo ocurrió apenas ayer. Probablemente, los sucesos y peripecias aquí presentados no reavivarán en el lector más joven ningún sentimiento pasado. En los días que corren, a él como a muchos quizá le resulte extraño saber o recordar que hubo una vez tiempos de pasiones.

EVA PERÓN. «ASÍ COMO EL DESTINO ME HIZO SER LA ESPOSA DEL GENERAL PERÓN, VUESTRO PRESIDENTE ME HIZO TAMBIÉN ADQUIRIR LA NOCIÓN PARALELA DE LO QUE SIGNIFICA SER LA ESPOSA DEL CORONEL PERÓN, EL LUCHADOR SOCIAL. NO SE PODÍA SER LA MUJER DEL PRESIDENTE DE LOS ARGENTINOS SIN SER LA MUJER DEL PRIMER TRABAJADOR ARGENTINO. NO SE PODÍA LLEGAR AL ENCUMBRADO E INÚTIL SITIAL DE ESPOSA DEL GENERAL PERÓN, OLVIDANDO EL PUESTO DE TESÓN, Y DE LUCHA, DE ESPOSA DEL ANTIGUO CORONEL PERÓN, EL DEFENSOR DE LOS DESCAMISADOS.»
EVA PERÓN (1947)

LOS AÑOS MILITARES

Juan Domingo Perón nació en la localidad bonaerense de Lobos el 8 de octubre de 1895. La familia, constituida por su padre, Mario Tomás Perón Dutey, su madre, Juana Sosa Toledo, y su hermano mayor, Mario Avelino, migró en el año 1900 al territorio de Santa Cruz para dedicarse a la cría de ganado lanar. Cuatro años más tarde se trasladaron al vecino territorio de Chubut, a una hacienda ubicada a unos cincuenta kilómetros de Comodo-

EL RETORNO
EL TERCER GOBIERNO DE PERÓN ESTUVO MARCADO POR EL ENFRENTAMIENTO INTERNO DEL PERONISMO, AVIVADO POR LA PRESUNCIÓN DE LA CERCANÍA DE LA MUERTE DEL PRESIDENTE. PERÓN OPTÓ POR PRIVILEGIAR A SU ENTORNO MÁS CERCANO Y AL SINDICALISMO FRENTE A LAS PRETENSIONES DE LA IZQUIERDA PERONISTA.

ro Rivadavia. Muchas veces Perón se definió a sí mismo como pertenecien-te a la Patagonia, hecho que revela la fuerte identificación que tenía con la lejana región sureña. Sus prime-ros años en esas tierras despobla-das y hostiles lo habituaron a la dura vida de campo y ese pudo ser un fac-tor que incidió en su vocación mili-tar. En 1904 su familia lo envió a Buenos Aires a completar sus estu-dios primarios. Inició luego la escue-la secundaria y al aprobar tercer año ingresó al Colegio Militar. "A los quince años –narró alguna vez– mis padres me entregaron a la patria, con ella crecí y me hice hombre." En 1913 egresó del Colegio Militar con el gra-do de subteniente de infantería; los primeros años de su trayectoria en el ejército se desarrollaron según las normas habituales de la vida castren-se. Como muchos de sus compañeros de armas, Perón debió percibir la realidad social del país en los lugares del interior en que prestó servicios. La década de 1910 fue especialmente conflictiva y Perón, teniente desde 1915, participó de varias comisiones militares enviadas a regiones con huelgas y enfrentamientos sociales a fin de restablecer o asegurar el or-den. Algunos autores destacaron una temprana vocación para conciliar conflictos laborales y escuchar los reclamos de los sectores más desvali-dos a partir de alguna de esas experiencias. En cambio, otros resaltaron su participación en la represión militar de las protestas obreras. De su paso por la Escuela de Suboficiales Sargento Cabral, a comienzos de la década de 1920, se ha recordado la cordialidad de sus relaciones con el personal subalterno así como su vocación docente. En 1928, ya capitán, egresó de la Escuela Superior de Guerra como oficial de Estado Mayor.

Todo auguraba un buen futuro para aquel hombre que parecía conocer bien las claves burocráticas de la institución. En 1929 contrajo matrimonio con Aurelia Tizón, una joven profesora de guitarra.

La primera actuación de Perón en un acontecimiento de importancia histórica fue su participación en el golpe de Estado de 1930. Quienes comenzaron a planear la caída de Yrigoyen revelaron tener confianza en el entonces joven capitán del ejército. Seguramente debieron evaluar la influencia que ejercía sobre sus compañeros de armas y supusieron que sus críticas a la administración radical indicaban, por extensión, concepciones contrarias a las instituciones democráticas y al régimen electoral de la ley Sáenz Peña.

El relato que, en 1931, Perón escribió sobre su contribución al golpe del 6 de septiembre permite comprender cómo pensaba su autor la política nacional y el funcionamiento del ejército. En su opinión, deponer a un presidente constitucional no suponía ningún problema ético o jurídico: era una acción justificada por el estado de desgobierno imperante. Consideraba a Yrigoyen incapaz de defenderse y predecía su huida; completaba su idea con un aforismo bélico: "a enemigo que huye, puente de plata". Si bien creía fácil lograr la caída del presidente, estimaba que la iniciativa golpista podía naufragar por las características de los jefes de la conspiración. No dudaba del patriotismo y de la grandeza personal de Uriburu, pero consideraba incapaces a sus colaboradores inme-

EL CORONEL JUAN DOMINGO PERÓN

«HOY, A LA TARDE, EL PODER EJECUTIVO HA FIRMADO MI SOLICITUD DE RETIRO DEL SERVICIO ACTIVO DEL EJÉRCITO. CON ELLO HE RENUNCIADO VOLUNTARIAMENTE AL MÁS INSIGNE HONOR A QUE PUEDE ASPIRAR UN SOLDADO: LLEVAR LAS PALMAS Y LAURELES DE GENERAL DE LA NACIÓN. ELLO LO HE HECHO PORQUE QUIERO SEGUIR SIENDO EL CORONEL PERÓN, Y PONERME CON ESTE NOMBRE AL SERVICIO INTEGRAL DEL AUTÉNTICO PUEBLO ARGENTINO.» J. D. P. DISCURSO DEL 17 DE OCTUBRE DE 1945.

LA INFANCIA
LOS PRIMEROS
AÑOS DE LA INFANCIA
DE PERÓN
TRANSCURRIERON EN
LOBOS, DONDE HABÍA
NACIDO EN 1895.
EN 1900, LA FAMILIA
SE TRASLADÓ
A LA PATAGONIA. SE
INSTALÓ PRIMERO
EN LAS PROXIMIDADES
DE RÍO GALLEGOS Y,
MÁS TARDE, CERCA
DE COMODORO
RIVADAVIA.

diatos, poco idóneos para la planificación técnica de la acción y sin interés por incorporar a un mayor número de oficiales al movimiento revolucionario. ¿Por qué actuaban de ese modo? A juicio de Perón, la respuesta era simple: no querían compartir los beneficios previsibles de la ya próxima ocupación del poder; por la misma razón, tampoco se preocupaban por la mejor organización de quienes estaban comprometidos en la conjura.

Por otra parte, Perón juzgaba el proyecto de Uriburu de modificar la Constitución Nacional e introducir representaciones corporativas como una idea equivocada, cuya consecuencia previsible sería despertar el rechazo de la sociedad y de los partidos políticos. Sus objeciones terminaron distanciándolo del Estado Mayor de la conspiración uriburista; la ruptura se formalizó el 3 de septiembre. Al día siguiente se incorporó a otro grupo de oficiales golpistas cuyas figuras más destacadas eran los tenientes coroneles Sarobe y Descalzo. Si bien estos militares tenían vinculaciones con Uriburu, su principal inspirador era el general Agustín P. Justo, ex ministro de Guerra del presidente Alvear y hombre de ideas liberales.

Los sucesos son conocidos: Yrigoyen delegó la primera magistratura en el vicepresidente Martínez y luego renunció a su cargo. Martínez dimitió poco después. La Casa Rosada fue invadida por civiles antiyrigoyenistas. Quizá para simbolizar el fin de una época, alguien arrojó desde los balcones del primer piso un busto de mármol blanco de Yrigoyen que se hizo pedazos al chocar contra la vereda. Perón registró la escena en su memoria y contó cómo se le acercó un civil para entregarle un trozo de aquel busto diciéndole: "Tome mi capitán, guárdelo de recuerdo y que mientras la patria tenga soldados como ustedes no entre ningún peludo más en esta casa". El regalo fue bien recibido: "Yo lo guardé y lo tengo como recuerdo en mi poder", remató Perón. El desorden imperante en la casa presidencial no le agradó; caracterizó lo ocurrido como desmanes del "populacho ensoberbecido". En cambio, la multitud que había acompañado y alentado a la escuálida columna militar encabezada por Uriburu le pareció el factor principal y decisivo del éxito de la revolución. Sus elogios sobre el papel del pueblo y de su movilización le servían para destacar la mínima participación de los uniformados en el suceso, lo que reforzaba sus argumentos sobre las fallas del elenco dirigente de la conspiración.

El sector militar al que estaba vinculado Perón –la línea Justo-Sarobe–, perdió posiciones en los primeros meses de la presidencia de Uriburu. Por sus malas relaciones con el grupo triunfante, Perón no tuvo mayor participación en la administración *de facto*. En un primer momento, por influencia de Justo, había sido designado secretario privado del ministro de Guerra, general Francisco Medina, pero al mes fue removido de ese cargo por un decreto presidencial. Su nombramiento de profesor

titular de la materia Historia Militar en la Escuela Superior de Guerra no
era, sin duda, un destino codiciado por quienes deseaban tener influencia política inmediata. Fue una promoción académica, pues él ya era profesor interino en esa asignatura. Sin duda su paso por la docencia no
hubiese sido tan recordado de no haberse editado sus *Apuntes de historia militar*, en 1932, en la Biblioteca Oficial del Círculo Militar.

No se trataba de su primer libro, ya que en 1931 había publicado, en
esa misma colección, *El frente oriental de la guerra mundial de 1914*. En
el prefacio, el teniente coronel Juan Lucio Cernadas adelantaba dos consideraciones sobre el texto y el autor: "pone de relieve, con una no bien
reprimida simpatía, las aspiraciones y tendencias pacifistas de la Alemania, divorciándola de la culpabilidad de la guerra [...] su viveza juvenil y
su ardoroso temperamento lo hacen caer un tanto en algunos pasajes en
el juicio apasionado, en el resto de su trabajo la imparcialidad serena rige
su discusión". El libro describe las situaciones militares del frente oriental, reflexiona al mismo tiempo sobre las condiciones políticas de los países beligerantes y dedica un extenso apartado a exponer consideraciones
teóricas sobre la importancia de la conducción y del papel del conductor.
Basada en el curso de historia militar, la obra del año siguiente es sobre
todo una sistematización de principios de es-
trategia con referencias históricas que abar-
can desde las campa-
ñas bélicas de Ciro el
Grande, funda-

**LA MADRE
Y LOS HIJOS**
JUANA SOSA DE
PERÓN CON SUS
HIJOS MARIO AVELINO
(DE PIE) Y JUAN
DOMINGO. PERÓN
DEJÓ UNA SEMBLANZA
DE SU MADRE: «MI
MADRE, NACIDA Y
CRIADA EN EL CAMPO,
MONTABA A CABALLO
COMO CUALQUIERA DE
NOSOTROS, E
INTERVENÍA EN LAS
CACERÍAS Y FAENAS
DE LA CASA CON LA
SEGURIDAD DE LAS
COSAS QUE SE
DOMINAN. ERA UNA
CRIOLLA CON TODAS
LAS DE LA LEY.
VEÍAMOS EN ELLA AL
JEFE DE LA CASA,
PERO TAMBIÉN
AL MÉDICO, AL
CONSEJERO Y
AL AMIGO DE TODOS
LOS QUE TENÍAN
ALGUNA NECESIDAD».

LA ESCUELA PRIMARIA. EN 1905, PERÓN FUE ENVIADO POR SUS PADRES A LA CASA DE SU ABUELA DOMINGA DUTEY EN BUENOS AIRES PARA ESTUDIAR. APROBÓ LOS GRADOS DE LA ESCUELA PRIMARIA Y LUEGO INGRESÓ COMO PUPILO EN EL COLEGIO INTERNACIONAL POLITÉCNICO DE OLIVOS.

dor del Imperio Persa, hasta la Primera Guerra Mundial. Como propuesta pedagógica Perón estima que, de las batallas del pasado, cabe retener, asimilar y discutir problemas de estrategia y no quedarse en la descripción de hechos históricos; le interesa transmitir conocimientos sobre la dialéctica de la lucha. Apunta a pensar la guerra moderna como la destrucción del poder militar del adversario –su aniquilamiento– o la forma de hacerle comprender la conveniencia de ceder posiciones para evitar males mayores.

Según la opinión de Perón, fundada en las teorías que habían nutrido al ejército alemán, la guerra moderna no era sólo cuestión de esfuerzo y equipamiento de las unidades castrenses, sino de movilización de toda la sociedad: la nación en armas. No resulta fácil discernir, en esa concepción de la guerra, dónde estaba el límite entre la preparación bélica y los recursos que debían aportar la política interna y la economía.

EL CADETE PERÓN EN 1911. «CUANDO TERMINÉ EL SEGUNDO AÑO EN OLIVOS, PENSÉ SEGUIR LA CARRERA DE MEDICINA, ACEPTANDO EL CONSEJO DE MI PADRE: EN NUESTRA FAMILIA, ÉSTA HABÍA SIDO LA PROFESIÓN DOMINANTE. YA AL LLEGAR A TERCER AÑO EMPECÉ A ESTUDIAR ANATOMÍA, QUE ERA LA MATERIA MÁS FUERTE PARA EL INGRESO EN LA FACULTAD. POR ENTONCES ME VISITARON UNOS COMPAÑEROS QUE ACABABAN DE INGRESAR EN EL COLEGIO MILITAR. ELLOS TERMINARON POR CONVENCERME DE LO LINDA QUE ERA ESA VIDA. RENDÍ MI INGRESO EN 1910, Y ME INCORPORÉ EN LOS PRIMEROS DÍAS DEL AÑO SIGUIENTE.» J. D. P. (1970)

LA AFICIÓN POR LA ESGRIMA. PERÓN FUE UN DESTACADO ESGRIMISTA, VARIAS VECES CAMPEÓN DEL EJÉRCITO. EN ESTA FOTO DE 1928, VEMOS A PERÓN (PRIMERO DESDE LA DERECHA) JUNTO CON OTROS ESGRIMISTAS —ENTRE ELLOS PEDRO NAZAR ANCHORENA (DE BRAZOS CRUZADOS), CAMPEÓN NACIONAL DE ESGRIMA— EN EL JOCKEY CLUB.

Perón se refería en forma marginal a la importancia del buen desempeño del gobierno y de los partidos para consolidar la situación militar de un país. Sus análisis no se agotaban en los componentes estructurales y contextuales, a los que reconocía como necesarios pero no suficientes para el triunfo militar; iba más allá, otorgándole un lugar esencial al conductor. La función de organizador y gran estratega remitía a una especie de titán: "la parte viviente del arte de la guerra, el alma de la conducción". Como le debía resultar imposible decir a sus discípulos que conductor se nace, pues ello habría relativizado el valor de su enseñanza, Perón optó por combinar ideas contradictorias: la conducción es una cualidad natural, pero también una capacidad susceptible de ser adquirida. Prevalecía, sin embargo, en toda su exposición la imagen del conductor como una persona con predisposiciones innatas, un ser sobresaliente.

A comienzos de 1931, la mayoría de los políticos que habían apoyado el golpe rechazaban el proyecto corporativista de Uriburu. Marcelo T. de Alvear reorganizaba al radicalismo y el general Justo, que había quedado en un segundo plano, recuperaba posiciones dentro del ejército y buscaba ampliar sus bases civiles. En abril de 1931, en una carta dirigida al coronel Fasola Castaño, Perón hacía una evaluación del ejército: "Después de la revolución ha quedado profundamente conmovido. Sólo una mano de hierro dirigida por una clara inteligencia y guiada por un gran carácter puede encarrilar esto."

En cuanto a Uriburu, en la misma carta lo consideraba cansado de la dirección del Estado y del temporal de pasiones e intereses políticos. De sus reflexiones puede inferirse que aun cuando Perón era más afín a los seguidores de Justo, no se empeñaba demasiado en definirse por ellos. El mayor rechazo lo expresaba respecto a los militares yrigoyenistas que habían conspirado bajo la dirección del teniente coronel Gregorio Pomar para derrocar al gobierno de Uriburu. En octubre de 1931 dirige una carta al coronel Sarobe, en ese momento agregado militar en el Japón, y revela su optimismo por los avances políticos de Justo: "La opinión sana del país, el elemento independiente, la banca, comercio, industria, etcétera, han movilizado sus fuerzas para ponerlas al servicio del país, prestigiando al general [Justo] para presidente."

La carrera militar de Perón se vio favorecida durante el gobierno de Justo, período en el que recibió algunas designaciones que hacen suponer que gozaba de la confianza política de los más altos jefes del ejército. Fue ayudante de campo de dos ministros de Guerra entre 1932 y 1936, lo que le permitió familiarizarse con el manejo burocrático de la institución militar y vivir de cerca los vaivenes de la política nacional. Tuvo tiempo, además, para escribir su libro *Toponimia patagónica de etimología araucana*, y una *Memoria del territorio nacional de Río Negro*, ambos publicados en 1935.

Su doble situación de conocedor de los problemas del sur argentino y de hombre de confianza del gobierno debió pesar en su nombramiento, en 1936, para el cargo de agregado militar en Chile. Han quedado testimonios de las buenas relaciones personales que estableció en el vecino país, y sobre todo de un equívoco *affaire* de espionaje; éste no hubiese tenido mayor trascendencia, pero sus consecuencias recayeron sobre su remplazante en esa agregaduría militar, el entonces mayor Eduardo Lonardi, quien alrededor de dos décadas más tarde encabezó la revolución de 1955. En el sumario castrense ordenado en 1938 por el ministro de Guerra para esclarecer lo ocurrido en Chile, Lonardi se defendió argumentando que la "operación" realizada en el país trasandino había fracasado por culpa de Perón y éste lo acusó de haberse apartado de sus órdenes. La carrera de Perón, que ya era teniente coronel, no se vio afectada por el traspié chileno.

AURELIA TIZÓN DE PERÓN
EL 5 DE ENERO DE 1929 EL CAPITÁN PERÓN CONTRAJO MATRIMONIO CON AURELIA TIZÓN, *POTOTA*. CUENTA PERÓN: «ERA MUY BUENA CHICA, CONCERTISTA DE GUITARRA. TOCABA MUY BIEN. DESGRACIADAMENTE FALLECIÓ JOVEN». AURELIA FALLECIÓ DE CÁNCER EN SEPTIEMBRE DE 1938.

F. Hipólito Yrigoyen. «Yo estuve en la revolución del 30, contra Yrigoyen; era oficial de la Escuela de Guerra y ¡claro! era una revolución militar y había que obedecer. Pero Yrigoyen era un grande hombre: un hombre independiente, un paisano de convicciones firmes, honesto, de esos que a uno le dan la mano y es como si firmaran un contrato...» J. D. P. (1969)

En 1938, Roberto M. Ortiz asumió la primera magistratura luego de un proceso electoral fraudulento. El gobierno de Justo había profundizado el intervencionismo estatal en la economía, siguiendo el rumbo iniciado por la administración *de facto* de Uriburu. Fruto de las restricciones, en principio originadas por la crisis de 1930, la economía argentina se diversificó y se expandió la producción industrial. Las migraciones internas contribuyeron a modificar la composición de la población de los grandes centros urbanos. Los partidos opositores, cuya principal preocupación era retornar al pleno funcionamiento de las instituciones democráticas revelaron poca sensibilidad para captar los cambios de la sociedad. Por otra parte, dentro de la misma coalición gubernamental no faltaban quienes reclamaban la normalidad institucional y comicios limpios. *La Nación* y *La Prensa* no ahorraban críticas a los manejos electorales de los políticos conservadores. El propio presidente procuró dar solución a la ilegitimidad reinante.

Perón retornó de Chile a comienzos de 1938 y fue destinado a la División III, Operaciones, del Estado Mayor del ejército. En esa época administraba unos bienes heredados de su padre. Una carta referida a la gestión de esas propiedades lo revela como un típico hombre de clase media preocupado por no deteriorar su escaso patrimonio: "Quizás, decía, algún día podrá valer algo." Lo que debía ser el clima normal y de rutina en la vida de Perón se alteró trágicamente en septiembre de 1938 al morir su esposa, Aurelia Tizón, con quien se había casado diez años antes. Esta desgracia personal debió mover a sus superiores a ayudarlo para aliviar el momento: fue designado para cumplir una misión de estudios militares en la Italia fascista, hacia donde partió en febrero de 1939 con la finalidad de perfeccionar su formación en unidades de montaña.

La camaradería militar Compartiendo un asado en el Regimiento 12 de Infantería de Línea en Paraná, primer destino castrense del flamante subteniente Perón. Allí tuvo a su cargo una sección de 80 soldados y 10 suboficiales.

Desde Roma, Perón escribió una carta a un grupo de adolescentes amigos, referida a uno de los mecanismos fascistas de adoctrinamiento de la niñez y la temprana juventud: "los pibes aquí son Balilas, se sienten soldados, hacen gimnasia y visten uniforme. Es una maravilla verlos desfilar con sus fusiles con una pinta guerrera de la madona". Italia estaba por entrar en guerra y aquel modo de educar debió parecerle a Perón un aporte a la consolidación del espíritu bélico. Muchos años después, ya exiliado, realizó para un libro de entrevistas un balance global de aquella estadía en Europa con términos por demás elocuentes: "El fascismo italiano llevó a las organizaciones populares a una participación efectiva en la vida nacional, de la cual había estado siempre apartado el pueblo. Hasta la ascensión de Mussolini al poder, la nación iba por un lado y el trabajador por otro y éste último no tenía ninguna participación en aquélla [...] Empecé a descubrir que la evolución nos conduciría, si no a las corporaciones o gremios –pues no era posible retroceder hasta la Edad Media–, a una fórmula en la cual el pueblo tuviera participación

EL GOLPE DE 1930. «LA REVOLUCIÓN HABÍA VIRTUALMENTE TERMINADO, PERO EN EL ESPÍRITU DE LOS QUE HABÍAMOS PARTICIPADO EN LA PREPARACIÓN Y REALIZACIÓN QUEDABA UNA AMARGA PENA: LA MAYOR PARTE DE LOS OFICIALES NO HABÍA INTERVENIDO PORQUE NO SE LOS HABÍA HABLADO. [...] SÓLO UN MILAGRO PUDO SALVAR A LA REVOLUCIÓN. ESE MILAGRO LO REALIZÓ EL PUEBLO DE BUENOS AIRES, QUE EN FORMA DE UNA AVALANCHA HUMANA SE DESBORDÓ EN LAS CALLES AL GRITO DE 'VIVA LA REVOLUCIÓN', QUE TOMÓ LA CASA DE GOBIERNO, QUE DECIDIÓ A LAS TROPAS A FAVOR DEL MOVIMIENTO Y COOPERÓ EN TODAS FORMAS A DECIDIR UNA VICTORIA QUE DE OTRO MODO HUBIERA SIDO DEMASIADO COSTOSA SI NO IMPOSIBLE.» J. D. P. (1931)

EL GENERAL AGUSTÍN P. JUSTO. EN EL GOLPE DE 1930, PERÓN FORMÓ PARTE DEL GRUPO LIGADO AL GENERAL AGUSTÍN P. JUSTO. CON EL ASCENSO DE JUSTO A LA PRESIDENCIA, FUE NOMBRADO MINISTRO DE GUERRA EL CORONEL MANUEL RODRÍGUEZ. PERÓN FUE ENTONCES DESIGNADO AYUDANTE DE CAMPO DEL NUEVO MINISTRO.

activa y no fuera 'un convidado de piedra' de la comunidad. Al descubrir esto, pensé que en Alemania ocurría exactamente el mismo fenómeno, o sea, un Estado organizado para una comunidad perfectamente ordenada, para un pueblo perfectamente ordenado también; una comunidad donde el Estado era el instrumento de ese pueblo, cuya representación era, a mi juicio, efectiva. Pensé que tal debería ser la forma política del futuro, es decir la democracia popular, la verdadera democracia social" (Luca de Tena y otros, 1976).

Perón vio las movilizaciones de masas del fascismo, se asombró por el buen funcionamiento de la máquina estatal alemana y más de veinte años después, cuando ese tipo de reflexión no podía acordarle ningún rédito político, él, que ya era un eximio experto en emitir mensajes calculando los efectos, no vacilaba en elogiar esos aspectos de los totalitarismos vencidos. El impacto, pues, debió haber sido muy grande. Sin embargo, tal como lo repetiría en numerosas oportunidades, de aquella observación directa de la Europa que entraba en guerra volvió a la Argentina convencido de la segura derrota de las potencias del Eje. No obstante, en su memoria quedó la imagen positiva de un modo de organización social y estatal.

Finalizaba el año 1940 cuando Perón retornó al país. ¿Se molestaron o se sintieron frustrados los oficiales pro alemanes ante sus predicciones sobre el final de la guerra mundial? En todo caso, la evolución de los acontecimientos marchó en ese sentido. Su nuevo destino militar fue el centro de instrucción de las tropas de montaña situado en Mendoza. Había llegado el momento de sacar frutos del aprendizaje adquirido en las nevadas laderas europeas. ¿Y la política? Llama la atención la cantidad de oficiales que en esa época desarrollaban actividades en Mendoza y luego desempeñaron papeles políticos o de gobierno junto a Perón. La comunidad castrense mendocina se convirtió –y así lo señala Enrique Pavón Pereyra, el biógrafo por excelencia de Perón–, en un verdadero ámbito de discusión política donde éste encontró sus primeros seguidores.

La agitación política reinante en las fuerzas armadas se manifestó en varios intentos fallidos antes de la experiencia exitosa de 1943. El general Juan Bautista Molina, a quien Perón había considerado poco idóneo para

BENITO MUSSOLINI. PERÓN NO DISIMULÓ SU SIMPATÍA POR LA EXPERIENCIA DEL FASCISMO ITALIANO Y POR SU LÍDER. EN 1970, REFIRIÉNDOSE A SU VIAJE A EUROPA DE FINES DE LA DÉCADA DE 1930, SEÑALABA: «ELEGÍ CUMPLIR MI MISIÓN DESDE ITALIA, PORQUE ALLÍ SE ESTABA PRODUCIENDO UN ENSAYO DE UN NUEVO SOCIALISMO DE CARÁCTER NACIONAL. HASTA ENTONCES, EL SOCIALISMO HABÍA SIDO MARXISTA: INTERNACIONAL, DOGMÁTICO. EN ITALIA, EN CAMBIO, EL SOCIALISMO ERA *SUI GENERIS*, ITALIANO: EL FASCISMO».

organizar una conspiración, encabezó una intentona a principios de 1941. Al mismo tiempo, el general Benjamín Menéndez ponía en pie el dispositivo de su propio golpe de Estado. También en la Marina soplaban vientos de fronda y se discutían alternativas para modificar la situación política. Varios testimonios de la época llevan a pensar que el golpismo era algo así como un ámbito particular de sociabilidad, un conjunto de tertulias por las que desfilaban generales con aspiraciones presidenciales y oficiales deseosos de participar en conspiraciones. Los nacionalistas de derecha hostigaban con pluma punzante el letargo militar ante las exigencias de la hora. Así transcurrieron 1941 y 1942. Se aproximaban las elecciones para designar al sucesor de Castillo. Sin demasiada confianza en la realización de comicios limpios, radicales, socialistas, comunistas y demoprogresistas trabajaban por la formación de un frente opositor. Prueba de la imaginación de sus dirigentes fue que, entre otras posibilidades, pensaron en ofrecer la candidatura presidencial de esa alianza al ministro de Guerra, el general Pedro Pablo Ramírez.

¿Desconfiaba la oficialidad más joven de la capacidad de sus generales para producir el "pronunciamiento" y poner fin al gobierno de Castillo o aspiraba a una transformación social y política más profunda? En todo caso, la creación del GOU (Grupo Organizador y Unificador o Grupo Obra de Unificación) mostró la existencia de un proyecto cuya meta era ir más allá de un simple cambio de autoridades. Perón, coronel desde 1942, fue uno de los organizadores del GOU y con otro coronel, once tenientes coroneles, cuatro mayores y dos capitanes formó parte del núcleo

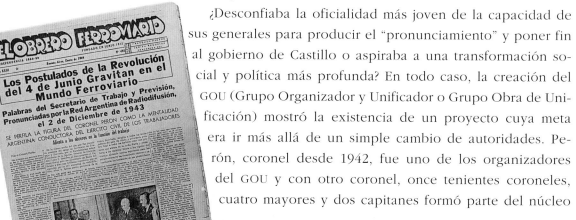

LA RELACIÓN CON EL SINDICALISMO DESDE SU NUEVA FUNCIÓN, PERÓN INICIÓ UNA POLÍTICA DE ACERCAMIENTO CON LA DIRIGENCIA SINDICAL. EN ESA TAREA CONTÓ CON EL APOYO DEL TENIENTE CORONEL MERCANTE, DESIGNADO INTERVENTOR EN LA UNIÓN FERROVIARIA Y LA FRATERNIDAD A FINES DE OCTUBRE DE 1943.

EDELMIRO J. FARRELL. FUE FARRELL
EL OFICIAL DE MAYOR JERARQUÍA ASOCIADO AL GOU Y A
PERÓN. COMO MINISTRO DE GUERRA Y VICEPRESIDENTE
DEL GENERAL RAMÍREZ, Y MÁS TARDE COMO PRESIDENTE,
FUE UN FACTOR CLAVE EN EL ASCENSO DE PERÓN.

fundador de esa logia. Los diecinueve militares de este grupo tuvieron luego trayectorias muy disímiles.

El 4 de junio de 1943 un movimiento militar derrocó a Castillo. El general Edelmiro Farrell fue designado ministro de Guerra por el nuevo presidente, general Ramírez, y Perón fue nombrado secretario de dicha cartera. Si su propósito era ganar poder en el seno de las fuerzas armadas, su cargo le brindaba excelentes posibilidades; desde allí podía influir en los ascensos y en la ubicación en puestos clave de los oficiales del GOU o, al menos, de los más próximos a él por amistad o por afinidad política. El proyecto del nuevo gobierno no era claro. En sus inicios los radicales le habían brindado apoyo, al igual que los sectores civiles nacionalistas. El primer ministro de Hacienda, Jorge Santamarina, tenía excelentes vínculos con los principales sectores propietarios. El ministro de Relaciones Exteriores, vicealmirante Storni, expresaba su solidaridad con los países aliados, si bien no se había modificado la neutralidad ante el conflicto mundial.

En octubre de 1943 se produjeron cambios en el gobierno que indicaban modificaciones en la relación de fuerzas. Farrell fue nombrado vicepresidente y varios ministros renunciaron, entre ellos Santamarina; poco antes había dimitido Storni. Estos reemplazos inquietaron a los dirigentes políticos y a una parte de la ciudadanía. Desde la sociedad se pedía, por medio de declaraciones aparecidas en la prensa, el pleno respeto de las libertades públicas y la solidaridad con la causa aliada. En ese contexto agitado, seguramente pasó casi inadvertida la designación de Perón como presidente del Departamento Nacional del Trabajo, quien además retenía el cargo de secretario de Guerra.

DEL CUARTEL A LA PLAZA

El 27 de noviembre de 1943 se creó la Secretaría de Trabajo y Previsión, a la cual se incorporaban el Departamento Nacional del Trabajo y un amplio y variado conjunto de reparticiones vinculadas con el tratamiento de problemas sociales. El 1º de diciembre Perón fue designado titular de la nueva Secretaría de Estado. Los organismos dependientes de la nueva entidad estatal lo ponían en contacto con los más diversos aspectos de la "cuestión social": salarios, sistemas de jubilaciones, higiene industrial, vivienda, migraciones, desocupación y población indígena. La Secretaría se instaló en el edificio del Concejo Deliberante. Allí Perón comenzó a recibir a dirigen-

EL TERREMOTO DE SAN JUAN. EN ENERO DE 1944 UN TERREMOTO DESTRUYÓ LA CIUDAD DE SAN JUAN. PERÓN PARTICIPÓ ACTIVAMENTE EN LA ORGANIZACIÓN DE LA AYUDA A LOS DAMNIFICADOS. EN LA FOTO, PERÓN RECIBE A UN GRUPO DE SANJUANINOS EN LA ESTACIÓN DEL FERROCARRIL PACÍFICO.

tes sindicales y patronales, a grupos de asalariados sin agremiación, a políticos tradicionales y a personas con aspiraciones de crear nuevos partidos, a intelectuales del nacionalismo, de la derecha, del centro y de la izquierda, a librepensadores y a hombres vinculados con la Iglesia.

¿Qué impresión causaba en sus visitantes en esos meses de fin de 1943? Varios actores relevantes coincidieron en resaltar su capacidad persuasiva, su conocimiento de los temas abordados en las reuniones y cierta cautela para asumir compromisos. El dirigente ferroviario Luis Monzalvo resumió así su opinión luego del encuentro inicial: "Yo, por mi parte, saqué dos conclusiones. Primero observé que Perón tenía la virtud de dejar satisfechos a sus interlocutores sin prometerles nada. Supuse que él debía entender que lo importante era hacer cuando se podía. Segundo, no tuve ninguna duda que el coronel Perón era cerebro conductor del movimiento revolucionario."

EVA DUARTE. «ENTRE LOS MUCHOS QUE EN AQUELLOS DÍAS [LOS DEL TERREMOTO DE SAN JUAN] PASARON POR MI OFICINA, HUBO UNA MUJER JOVEN DE ASPECTO FRÁGIL PERO DE VOZ RESUELTA, DE CABELLOS RUBIOS, LARGOS SOBRE LOS HOMBROS, Y LOS OJOS ENCENDIDOS COMO POR LA FIEBRE. DIJO LLAMARSE EVA DUARTE, SER ACTRIZ DE TEATRO Y DE RADIO Y QUERER CONCURRIR A TODA COSTA EN SOCORRO DE LA INFELIZ POBLACIÓN DE SAN JUAN. [...] YO LA MIRABA Y SENTÍ QUE SUS PALABRAS ME CONQUISTABAN; ESTABA CASI SUBYUGADO POR EL CALOR DE SU VOZ Y DE SU MIRADA» J. D. P. (1956)

Los dirigentes industriales también se llevaban excelentes impresiones de Perón. *Argentina Fabril*, el órgano oficial de la Unión Industrial Argentina, destacó en 1943 las "ideas claras y razonadas que expresaba [Perón], demostrando estar al corriente de las causas que provocan los conflictos entre el capital y el trabajo". Un mes antes, el diario *La Nación* había elogiado las propuestas sobre la intervención del Estado en los problemas sociales expresadas por el todavía poco conocido coronel.

En las ideas de Perón resulta muy fácil reconocer el pensamiento de la época sobre los problemas sociales. En una enumeración necesariamente incompleta pueden señalarse algunas de esas vertientes preocupadas por los problemas sociales. El programa de la Unión Cívica Radical de 1937 y Alvear en su campaña presidencial de ese año habían incorporado claramente el tema social. Los legisladores radicales y conservadores ya manifestaban interés por las cuestiones sociales; los socialistas hacía mucho tiempo lo habían expresado. En la provincia de Buenos Aires, los gobernadores conservadores Manuel Fresco y Rodolfo Moreno impulsaron acciones y leyes encaminadas a paliar las injusticias sociales, y los sectores políticos e intelectuales cercanos a la Iglesia y la jerarquía eclesiástica también pedían soluciones. Reconocidos intelectuales como Alejandro Bunge y su grupo de colaboradores ligaban el desarrollo económico nacional a la mejora de las condiciones de vida de los sectores populares. Los dirigentes del empresariado industrial no eran contrarios a la

EN SAN VICENTE. «EVA TUVO UNA CLASE ESPECIAL. LO QUE LOGRÉ CON ELLA NO HUBIERA PODIDO HACERLO CON OTRA PERSONA. PERO LO QUE ELLA FUE, LO QUE ELLA HIZO, FORMA PARTE, AL FIN DE CUENTAS, DEL CONJUNTO DEL ARTE DE LA CONDUCCIÓN. EL CARISMA ES SÓLO ESO: UN PRODUCTO DEL PROCESO TÉCNICO DE LA CONDUCCIÓN.» J. D. P. (1970)

participación del Estado en la conciliación de los conflictos sociales. Parte del movimiento sindical anterior a 1943 adoptó programáticamente la búsqueda de una mejor relación con el Estado y con los sectores patronales. Por razones diversas, los sindicalistas comunistas y socialistas no eran partidarios en ese momento de agudizar los conflictos de clase. Algunos altos funcionarios y técnicos habían impulsado desde el Departamento Nacional del Trabajo concepciones muy similares a las que luego expresó Perón; el caso más conocido es el de José Figuerola, mentor de buena parte de las políticas sociales y económicas del peronismo. Ramón J. Cárcano, un patriarca del conservadurismo favorable a las reformas sociales, estaba al frente de la Caja Nacional de Pensiones y Jubilaciones cuando se produjo el derrocamiento de Castillo; luego se mantuvo en su

PERÓN Y FARRELL
DAVID KELLY, EMBAJADOR BRITÁNICO, PENSABA QUE «FARRELL Y PERÓN, LEJOS DE SER UN GRUPO DE CONSPIRADORES QUE MANTENÍAN UNA DICTADURA MILITAR, CONTABAN CON EL APOYO DE BUENA PARTE DEL PAÍS Y QUE LAS CRÍTICAS Y ATAQUES CONSTANTES DEL 'COLOSO YANQUI' SENCILLAMENTE CONTRIBUÍAN A AUMENTAR SU POPULARIDAD».

cargo, convirtiéndose en funcionario de la Secretaría de Trabajo y Previsión. En fin, *La Nación* y *La Prensa* publicaban periódicamente editoriales con reclamos contra la iniquidad social y el estado de desprotección de los sectores asalariados no sindicalizados. A comienzos de 1944, la manera de pensar de Perón integraba reflexiones y perspectivas doctrinarias bastante compartidas; de allí la recepción que halló en ámbitos tan disímiles.

En 1944 comenzaron las discordias. Poco a poco, sin ningún acontecimiento susceptible de marcar la ruptura, la figura de Perón se fue asociando con las demandas de los sindicatos y de los sectores populares y, en consecuencia, se abrió la brecha con los componentes patronales de la conciliación social. Perón se había propuesto armonizar los intereses enfrentados en el mundo del trabajo, pero el conflicto social terminó instalándose en su discurso y en su política. Buscar la equidad social, hacer del Estado un árbitro imparcial, sugerir al capital y al trabajo que organizaran mejor sus representaciones gremiales, todo ello supuso, en las condiciones históricas de la época, sumergirse en conflictos y tensiones cuyas claves escaparon a Perón y a sus colaboradores inmediatos. En

EL ACTO EN LA PLAZA SAN MARTÍN. EL 12 DE OCTUBRE DE 1945 SE REALIZÓ UNA REUNIÓN OPOSITORA EN LA PLAZA SAN MARTÍN, FRENTE AL CÍRCULO MILITAR. EL DIARIO *LA PRENSA* DEL 13 DE OCTUBRE RETRATÓ A LOS CONCURRENTES: «ERA UN PÚBLICO SELECTO FORMADO POR SEÑORAS Y NIÑAS DE NUESTRA SOCIEDAD Y CABALLEROS DE FIGURACIÓN SOCIAL, POLÍTICA Y UNIVERSITARIA; JÓVENES ESTUDIANTES QUE LUCÍAN ESCARAPELAS CON LOS COLORES NACIONALES; TRABAJADORES QUE QUERÍAN ASOCIARSE A LA DEMOSTRACIÓN COLECTIVA EN FAVOR DEL RETORNO A LA NORMALIDAD». LA DEMOSTRACIÓN OPOSITORA TERMINÓ CON UN TIROTEO ENTRE LA POLICÍA Y UN SECTOR DE LOS MANIFESTANTES.

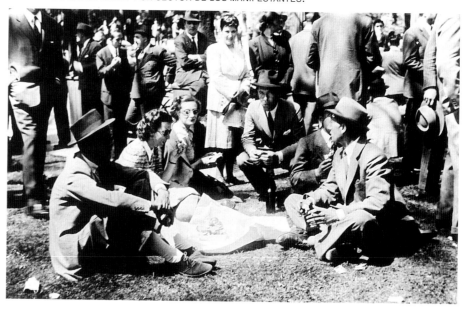

las reuniones con grupos de trabajadores, ese coronel que buscaba el trato campechano para hacer llegar mejor su mensaje estableció una complicidad objetiva con quienes ya debía imaginar como sus fascinados apoyos sociales. La imagen del secretario de Estado bien dispuesto para recibir demandas obreras aun sin comprometerse excesivamente, como decía Monzalvo, recorrió muy rápido el país, si bien en la intimidad de los despachos y en algunas conferencias públicas Perón se esmeró en explicar a los empresarios la conveniencia de ceder un poco para no poner todo en peligro. Pero estos propósitos teóricos comenzaron a chocar con las prácticas de los conflictos sociales librados en el interior de los establecimientos por asalariados que, a causa de signos equívocos o de ilusiones, se sentían respaldados por el "Coronel". Además, Perón ya se había deslizado hacia el lenguaje de la plaza pública y la repercusión de sus ideas seguía concitándole apoyos populares.

En el transcurso de 1944, Perón amplió su influencia política en el seno del gobierno militar. El GOU se había disuelto en febrero por discrepancias internas y sus miembros quedaron liberados de sus compromisos mutuos. La lucha por el poder se intensificó y los proyectos castrenses se bifurcaron. En marzo renunció Ramírez; Farrell fue designado presidente y en julio Perón fue nombrado vicepresidente. Desde febrero era ministro de Guerra y en septiembre pasó a ejercer también la presidencia del Consejo Nacional de Posguerra. Si sus vínculos con las cuestiones sindicales le habían ocasionado problemas con los sectores patronales, su concentración de puestos de poder se los produjo en las filas militares. Además, en 1944 Perón fue denunciado por el gobierno estadounidense que lo consideraba simpatizante de las ideas fascistas.

El año 1944, de por sí cargado de tensiones y conflictos políticos, resultó también importante para el futuro del país y para Perón por un hecho, en principio, de índole privada. Al despuntar ese año conoció a Eva Duarte. Él apenas comenzaba a ser Perón y ella estaba aún muy lejos de ser Evita. Ninguno de los dos debía de imaginar el papel que ocuparía en nuestra vida política. Ella, quizá, sabía de sueños e ilusiones por su carrera de actriz de reparto y por haber representado a mujeres de condiciones sociales diversas, heroínas de la historia incluidas.

El día en que Perón fue nombrado ministro de Guerra, Eva Duarte representó a Isabel de Inglaterra en *Mi reino por un amor*, pieza de radioteatro emitida por Radio Belgrano. Cuando se enamoraron, él incorporó un nuevo motivo de irritación para quienes ya eran sus adversarios. Un *flirt* hubiera podido ignorarse, y los veinticinco años de diferencia entre

CARTA DE PERÓN A EVITA. DESDE MARTÍN GARCÍA, PERÓN ESCRIBIÓ A EVITA EL 11 DE OCTUBRE: «MI TESORO ADORADO: SÓLO CUANDO NOS ALEJAMOS DE LAS PERSONAS QUERIDAS PODEMOS MEDIR EL CARIÑO. DESDE EL DÍA QUE TE DEJÉ ALLÍ CON EL DOLOR MÁS GRANDE QUE PUEDAS IMAGINAR NO HE PODIDO TRANQUILIZAR MI TRISTE CORAZÓN. HOY SÉ CUÁNTO TE QUIERO Y QUE NO PUEDO VIVIR SIN VOS. ESTA INMENSA SOLEDAD ESTÁ LLENA DE TU RECUERDO. HOY HE ESCRITO A FARRELL PIDIÉNDOLE QUE ME ACELERE EL RETIRO, EN CUANTO SALGO NOS CASAMOS Y NOS IREMOS A CUALQUIER PARTE A VIVIR TRANQUILOS.»

EL 17 DE OCTUBRE

«UN PUJANTE PALPITAR SACUDÍA LA ENTRAÑA DE LA CIUDAD. UN HÁLITO ÁSPERO CRECÍA EN DENSAS VAHARADAS, MIENTRAS LAS MULTITUDES IBAN LLEGANDO. VENÍAN DE LAS USINAS DE PUERTO NUEVO, DE LOS TALLERES DE CHACARITA Y VILLA CRESPO, DE LAS MANUFACTURAS DE SAN MARTÍN Y VICENTE LÓPEZ, DE LAS FUNDICIONES Y ACERÍAS DEL RIACHUELO, DE LAS HILANDERÍAS DE BARRACAS. [...] HERMANADOS EN EL MISMO GRITO Y EN LA MISMA FE, IBAN EL PEÓN DE TAMBO DE CAÑUELAS Y EL TORNERO DE PRECISIÓN, EL FUNDIDOR, EL MECÁNICO DE AUTOMÓVILES, EL TEJEDOR, LA HILANDERA Y EL PEÓN. ERA EL SUBSUELO DE LA PATRIA SUBLEVADO. ERA EL CIMIENTO BÁSICO DE LA NACIÓN QUE ASOMABA.» RAÚL SCALABRINI ORTIZ (1946). EN LA PÁGINA OPUESTA, DOS PROMOTORES DE LA MOVILIZACIÓN: EL TENIENTE CORONEL DOMINGO MERCANTE Y CIPRIANO REYES.

PERÓN Y BRADEN
EN MAYO DE 1945
LLEGÓ A BUENOS
AIRES EL NUEVO
EMBAJADOR DE LOS
ESTADOS UNIDOS,
SPRUILLE BRADEN.
LAS PRIMERAS
REUNIONES QUE
MANTUVO CON PERÓN
FUERON AMISTOSAS,
PERO PRONTO
BRADEN PASÓ A SER
EL ANTAGONISTA DEL
RÉGIMEN MILITAR
Y DE PERÓN. EN LA
FOTO, BRADEN Y
PERÓN EN EL
BANQUETE OFRECIDO
POR EL MINISTRO
DE GUERRA
A LOS AGREGADOS
MILITARES.

ellos podrían haber despertado sutiles comentarios; sin embargo, la presentación en sociedad fue una transgresión que alimentó el encono de sus enemigos castrenses.

La historia argentina y la de Perón encontraron en 1945 el año mítico que separó dos épocas. Todos los conflictos acumulados en 1944 estallaron en los siguientes 365 días. El poder de Perón se acrecentó durante los primeros meses y también el de sus adversarios. Se lo vislumbró como futuro candidato a presidente en las elecciones destinadas a cerrar el período *de facto*. Quienes habían saludado sus primeras intervenciones orientadas a conciliar el capital y el trabajo lo acusaron de estimular la lucha de clases. Todos los partidos políticos, de derecha a izquierda, vieron con disgusto la pérdida de dirigentes intermedios dispuestos a sumarse al nebuloso movimiento aún en ciernes creado en torno de su figura. El gobierno estadounidense movilizó a su hombre: Spruille Braden. En la primera mitad de 1945 casi todos habían tomado posición. Desde la Secretaría de Trabajo y Previsión se adoptaban medidas que eran bien acogidas entre los trabajadores y mientras se multiplicaban las críticas patronales se cristalizó su estilo de orador popular. El "nosotros" asumió en forma paulatina una mayor identificación con los sindicatos y los asalariados; al mismo tiempo, el "Coronel" vituperaba y agraviaba a los sectores empresarios reacios a la política de la secretaría.

En el norte de Italia, en los últimos días de abril del 1945, los *partisanos* fusilaron a Benito Mussolini y a su compañera, Claretta Petacci. Tres días más tarde, en su *bunker* de Berlín se suicidaron Adolfo Hitler y su esposa Eva Braun. Para los sectores políticos contrarios a Perón y para el Departamento de Estado norteamericano en ese contexto de colapso final del fascismo resultaba inadmisible la continuidad de su presencia en el gobierno. Las fuerzas armadas fueron una caja de resonancia de las impugnaciones y de los apoyos que desde la sociedad se planteaban contra el múltiple funcionario del Estado. De ese modo se articularon las pugnas entre las facciones castrenses y las rupturas provenientes de los conflictos sociales y de las luchas políticas. Y así llegó la semana clave de octubre de 1945.

El día 9, por exigencia de los oficiales de Campo de Mayo, Perón renunció a todos sus cargos. Al día siguiente se despidió de los sindicalistas y trabajadores reunidos frente a la secretaría, y empleando una vez más su particular estilo para apaciguar los ánimos dijo: "Pido orden para que sigamos adelante en nuestra marcha triunfal: pero si es necesario ¡algún día pediré guerra!". En esa oportunidad repitió su frase "de casa al trabajo y del trabajo a casa"; poco después, en el folleto "¿Dónde estuvo?", en el que rememoró las jornadas de octubre, escribió: "Y cumpliendo lo aconsejado, del trabajo me fui a mi casa". Así, con la ambigüedad propia de todas las despedidas políticas, la figura que más había conmocionado la escena pública argentina en esos dos últimos años se retiraba aceptando, en apariencia, su derrota.

El 13 de octubre Perón fue detenido y trasladado a la isla Martín García. ¿Pensó entonces en dejar la política y dedicarse a una vida alejada de la lucha por el poder? Un día después, en una carta a Eva Duarte desde Martín García, Perón planeaba un futuro apacible: "En cuanto salgo nos casamos y nos iremos a cualquier parte a vivir tranquilos [...] ¿Qué me decís de Farrell y de Ávalos? Dos sinvergüenzas con el amigo. Así es la vida [...] Te encargo le digas a Mercante que hable con Farrell para ver si me dejan tranquilo y nos vamos a Chubut los dos [...]. Si sale el retiro nos casamos al día siguiente y si no

SPRUILLE BRADEN
«ERA UN INDIVIDUO TEMPERAMENTAL. UN BÚFALO. YO LO HACÍA ENOJAR, Y CUANDO SE ENOJABA ATROPELLABA LAS PAREDES ... ¡QUE ERA LO QUE YO QUERÍA!, PORQUE ENTONCES PERDÍA TODA PONDERACIÓN» J. D. P. (1969)

BRADEN O PERÓN. BRADEN, POR ENTONCES SUBSECRETARIO DE ASUNTOS LATINOAMERICANOS DECIDIÓ PUBLICAR EN PLENA CAMPAÑA ELECTORAL UN DOCUMENTO DIPLOMÁTICO, EL *LIBRO AZUL SOBRE LA ARGENTINA*, CON INFORMACIONES ACERCA DE LOS VÍNCULOS ENTRE EL GOBIERNO ARGENTINO Y LA ALEMANIA NAZI. LA RESPUESTA DE PERÓN NO SE HIZO ESPERAR. EN EL ACTO DE PROCLAMACIÓN DE LA FÓRMULA PRESIDENCIAL DIJO: «SEPAN QUIENES VOTEN EL 24 POR LA FÓRMULA DEL CONTUBERNIO OLIGÁRQUICO-COMUNISTA, QUE CON ESTE ACTO ENTREGAN EL VOTO AL SEÑOR BRADEN. LA DISYUNTIVA EN ESTA HORA TRASCENDENTE ES ÉSTA: ¡BRADEN O PERÓN!»

LA CAMPAÑA ELECTORAL
PERÓN REALIZÓ UNA CORTA PERO INTENSA CAMPAÑA ELECTORAL. EN EL PRIMER MES DE CAMPAÑA VISITÓ TODAS LAS CAPITALES DE PROVINCIA, Y EN EL ÚLTIMO TRAMO SE CONCENTRÓ EN LA PROVINCIA DE BUENOS AIRES Y EN LA CAPITAL FEDERAL. RECOGIÓ EN LOS ACTOS UN APOYO MASIVO Y ENFERVORIZADO.

sale yo arreglaré las cosas de otro modo pero liquidaremos esta situación de desamparo que tú tienes ahora [...] Con lo que yo he hecho estoy justificado ante la historia y sé que el tiempo me dará la razón."

Lo ocurrido el 17 de octubre ha sido relatado y tergiversado de muchas maneras, pero más allá de las diversas y contradictorias versiones hay algo evidente: de esos acontecimientos Perón no fue el principal protagonista sino el mayor objeto en disputa. Quienes querían sacarlo definitivamente de la escena política mostraron no tener una voluntad firme y decidida; pero la mayoría de sus colaboradores y de los dirigentes sindicales por él favorecidos tampoco tuvieron una actitud resuelta. Es probable que la escasa actividad de sus amigos haya alimentado la confianza de sus enemigos. Estos últimos perdieron, embriagados por el entusiasmo de la fácil victoria, el breve y precioso tiempo que sigue a cualquier cambio político sorpresivo, sea una revolución o un golpe de palacio. En ese verdadero vacío de poder, las iniciativas sindicales para protestar por la separación de Perón se encontraron combinadas y desbordadas por la espontánea movilización social. La CGT había declarado la huelga general para el 18 de octubre. El día anterior ganó las calles el reclamo popular. La multitud sorprendió a todos. También a Perón, que ese día perdió para siempre la posibilidad de una reposada vida en la Patagonia.

LAS CONSIGNAS ELECTORALES. «NO HABÍA SIDO UNA CAMPAÑA LIMPIA. AL CONTRARIO, HABÍAN ABUNDADO FULLERÍAS Y MALAS ARTES POR AMBOS BANDOS. EL OFICIALISMO HABÍA ARRIMADO SU PODER A LA CANDIDATURA DE PERÓN. [...] POR SU PARTE, LA UNIÓN DEMOCRÁTICA NO SE PRIVÓ DE ECHAR MANO A LOS PEORES RECURSOS POLÍTICOS. LA DIFERENCIA ESTABA EN QUE CARECÍA DE PODER PARA EJERCERLOS CON LA URTICANTE EFICACIA CON QUE LO HACÍA EL OFICIALISMO...»
FÉLIX LUNA (1971)

**EL ACTO DE LA
UNIÓN DEMOCRÁTICA**
EL SÁBADO 8 DE
DICIEMBRE DE 1945,
LA JUNTA
INTERPARTIDARIA
—INTEGRADA POR
DIRGENTES DEL
RADICALISMO,
EL SOCIALISMO, LA
DEMOCRACIA
PROGRESISTA Y EL
COMUNISMO— DE LA
UNIÓN DEMOCRÁTICA
CONVOCÓ A UN GRAN
ACTO EN LA PLAZA DEL
CONGRESO, BAJO EL
LEMA ÚNICO «POR LA
LIBERTAD CONTRA EL
NAZISMO». EL MASIVO
ACTO FUE CERRADO
POR EL DISCURSO DE
JOSÉ TAMBORINI,
CANDIDATO A
PRESIDENTE DE LA
ALIANZA.

Frente a la movilización popular, los sectores castrenses contrarios a Perón no supieron, no pudieron o no quisieron reprimir. Estos acontecimientos dieron lugar a muchas discusiones, pero lo cierto era que si sólo estaba en juego la libertad del controvertido coronel, aceptar la demanda multitudinaria y poner fin a un arresto que carecía de sustento legal debió parecer la alternativa menos costosa. La solución fue el problema; pues quedó instituida la presencia de un nuevo actor político: la multitud movilizada; de un espacio mítico: la plaza; y de un líder que instauró esa noche su relación carismática.

¿Quiénes estaban en la Plaza de Mayo? "Recuerdo –narró José María Rosa– a esa gente zaparrastrosa que se lavaba los pies en las fuentes de la plaza. Y cantaban y bailaban. Con mucha alegría que nos contagiaba." El baile fue también uno de los aspectos registrados por Juan E. Carulla, uno de los ideólogos nacionalistas del golpe de Uriburu, quien describe "un conjunto heteróclito de seres estupidizados por la idolatría y por el alcohol. [...] Cantaban y bailaban la conga ofreciendo un espectáculo que quizá no puede darse ni en la selva congolesa". Delfina Bunge de Gálvez, en su crónica para el diario católico *El Pueblo*, destacó la similitud entre la muchedumbre allí reunida y las procesiones religiosas, y sin abrir

DÍAS DESPUÉS DE LAS ELECCIONES. EL 28 DE FEBRERO DE 1945, EL SEMANARIO HUMORÍSTICO *CASCABEL* ALUDÍA EN SU PORTADA A PERÓN: «ESTE PERÓN ES UN FENÓMENO»

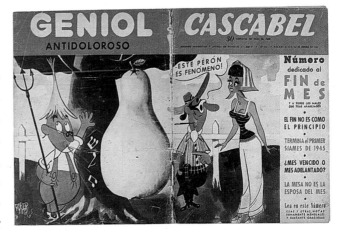

DESFILE MILITAR. PERÓN MONTADO EN MANCHA, SU CABALLO FAVORITO, ENCABEZA UN DESFILE MILITAR. A FINES DE MAYO DE 1946, DESPUÉS DE SU ELECCIÓN COMO PRESIDENTE, PERÓN FUE REINTEGRADO AL SERVICIO ACTIVO Y ASCENDIDO A GENERAL DE BRIGADA.

juicios sobre Perón subrayó la voluntad de paz de los presentes. El capitán de la Marina Isaac F. Rojas, el mismo que sería vicepresidente del gobierno de la revolución de 1955, dejó también su testimonio, destacando la presencia de "unos muchachos sudorosos y muy cansados" que luego de sacar los goznes de las puertas de la Casa de Gobierno entraron con la pregunta: "¿Dónde está Perón?, lo queremos ver, venimos cansados de Ensenada [...] Los soldados pusieron las rodillas en tierra, dieron vuelta sus fusiles –con la culata para adelante– y comenzaron a sacudirles las cabezas a los revoltosos. Sonaban sus cabezas que parecían mates." Raúl Scalabrini Ortiz destacó la presencia de la vieja y de la nueva clase obrera en el gentío que reclamaba la libertad de Perón. La izquierda comunista subrayó en las primeras descripciones de lo

DESDE EL POLICLÍNICO EVITA
UN COMPONENTE IMPORTANTE DE LA POLÍTICA SANITARIA DESARROLLADA POR EL MINISTRO RAMÓN CARRILLO FUE LA CONSTRUCCIÓN DE GRANDES HOSPITALES. BAJO SU GESTIÓN SE CONSTRUYERON CINCO IMPORTANTES POLICLÍNICOS EN LA CAPITAL FEDERAL Y EL GRAN BUENOS AIRES.

ocurrido la acción de la policía alentando la movilización y comparó los acontecimientos con la Marcha sobre Roma.

"Trabajadores". Así inició Perón su discurso del 17 de octubre. No estaban lejos los días en que había convocado a la nación en su conjunto, sin diferencias sociales, para construir una empresa política común. Esa noche se declaró dispuesto a mezclarse con "la masa sufriente y sudorosa que elabora el trabajo y la grandeza de la patria", sin abandonar por ello la meta de sumar a todos: "sobre la hermandad de los que trabajan ha de levantarse nuestra hermosa patria, en la unidad de todos los argentinos. Iremos diariamente incorporando a esta hermosa masa en movimiento cada uno de los tristes o descontentos, para que mezclados a nosotros, tengan el mismo aspecto de masa hermosa y patriota que son ustedes".

El suyo fue un discurso pacífico y tranquilizador. Había algo paradójico en el hecho de hablar ante una multitud cuyo origen social enunciaba con claridad y simultáneamente insistía en llamar a la unidad a sus adversarios, como si sólo se tratara de un desencuentro ocasional, de un malentendido pasajero. Si esas palabras fueron un resultado de la recomendación de quienes, como Farrell, podían temer una explosión popular incontrolable, no se apartaban sin embargo de la idea de bregar por la conciliación social tantas veces repetida por Perón. Desde ese 17 de octubre la sociedad se dividió en dos. El militar que había buscado por ensayo y error el camino de la política se convirtió definitivamente en Perón. Luego del acto fue a encontrarse con Eva Duarte. En esa cálida y húmeda madrugada del primer "San Perón" ella quizás percibió que muy pronto sería Evita. Él cumplió, al menos, una de sus promesas epistolares: se casaron el 22 de octubre.

La campaña electoral de un movimiento político sin pasado ni organización tenía por fuerza que basarse en el atractivo personal y en la capacidad de arbitraje del candidato a presidente. Su figura se agrandó en relación directa con la desvalorización de las precarias estructuras partidarias que lo respaldaban. Lo ayudó en forma notable el Departamento de Estado norteamericano, al plantear la alternativa Braden o Perón. El conflicto de clases sobrevoló toda la campaña: para muchos,

ARGENTINA TRAS LAS GUERRAS. LA PROPAGANDA PERONISTA TENDIÓ A ORGANIZARSE A PARTIR DE POSICIONES TAJANTES ENTRE UN PASADO DE INJUSTICIA Y FRACASOS Y UN PRESENTE LUMINOSO Y OPTIMISTA. EN ESTE CASO, EL CONTRASTE SE DA ENTRE LAS CONSECUENCIAS NEGATIVAS DEL FIN DE LA PRIMERA GUERRA MUNDIAL Y LA ACCIÓN DEL GOBIERNO DE PERÓN QUE TORNA FAVORABLES LAS DE LA SEGUNDA.

LUIS GAY. EN 1947 LUIS GAY FUE DESPLAZADO DE LA SECRETARÍA GENERAL DE LA CGT POR DECISIÓN DE PERÓN. CUENTA GAY: «LAS CAUSAS DE MI ALEJAMIENTO NO FUERON ORIGINADAS EN LO QUE SE HIZO DECIR ENTONCES POR LOS DIARIOS Y REVISTAS SUBVENCIONADAS POR EL GOBIERNO, SINO POR PRINCIPIOS QUE CONSIDERÉ FUNDAMENTALES EN TODA MI ACTUACIÓN Y QUE FUERON COMPARTIDOS POR LOS DIRECTIVOS DE LA CGT DE ESE MOMENTO QUE, EN SOLIDARIDAD CON MI RENUNCIA, PRESENTARON LA PROPIA; O SE MANTENÍA LA INDEPENDENCIA SINDICAL, SIN DEJAR DE APOYAR UNA POLÍTICA SOCIAL DETERMINADA, O SE CONVERTÍA LA CLASE OBRERA EN UN INSTRUMENTO POLÍTICO EN MANOS DEL GOBIERNO.»

votar por él fue una manera de poner un sufragio contra el patrón; para otros, un modo de acatar las indicaciones de la Iglesia Católica. Hubo quienes creyeron estar haciendo una opción a favor del fascismo; no fueron pocos los que estimaron encontrar en el nuevo líder una continuidad con tradiciones tan dispares como la radical, la socialista, la comunista o la conservadora. La fórmula Perón-Quijano obtuvo algo más del 52% de los sufragios.

IGUALDAD O LIBERTAD

En el mensaje del 4 de junio de 1946, al tomar posesión de la investidura presidencial, Perón sostuvo frente a la Asamblea Legislativa su decisión de "olvidar las injurias de las que he sido objeto y los agravios que me hayan podido inferir. De mi voluntad, de mi mente y de mi corazón han desaparecido las pasiones combativas y sólo pido a Dios que me conceda la serenidad que requieren los actos de gobierno". Dos meses después de esa invitación a la armonía, Perón esbozó un panorama de la situación política, en el que la Argentina parecía en vísperas de una guerra civil: "Si en el país alguien quiere hacer una revolución, yo le voy a hacer la revolución una semana antes. Todo se reduciría a proveer de unos cuantos metros de piola a cada 'descamisado' y entonces veremos quién cuelga a quién. Necesitamos de esa gran fuerza política [el Partido], para organizar la marcha política del país. Lo demás lo tengo yo: 500.000 'descamisados' y, como dijo Napoleón, conmigo al frente sumaremos un millón."

PERÓN EXPLICA. EN UN GESTO CARACTERÍSTICO, PERÓN, ACOMPAÑADO POR EVITA Y JOSÉ ESPEJO, EXPONE ANTE UN AUDITORIO. EN LA DÉCADA DE 1940, EL PADRE JUAN SEPICH RESUMÍA LA CAPACIDAD ARGUMENTATIVA DE PERÓN: «A ESTE HOMBRE SE LE DAN DOS LADRILLOS SUELTOS, Y DEVUELVE SIEMPRE UN PALACIO YA EDIFICADO»

LA IMAGEN DE EVITA EN MUNDO PERONISTA EN JULIO DE 1951 APARECIÓ LA REVISTA QUINCENAL *MUNDO PERONISTA*, ÓRGANO DE DIFUSIÓN DE LA ESCUELA SUPERIOR PERONISTA. ESTA REVISTA, SEÑALA ALBERTO CIRIA, «ES SUMAMENTE ÚTIL PARA EVALUAR UNO DE LOS PRIMEROS INTENTOS OFICIALES DE CONSOLIDAR LA IDEOLOGÍA PERONISTA/ JUSTICIALISTA A TRAVÉS DE JUAN PERÓN Y EVA PERÓN [...] DESPUÉS DE LA MUERTE DE EVA PERÓN, Y SOBRE TODO PARA 1954 Y 1955, EL CONTENIDO DOCTRINARIO CEDE LUGAR A LA CANONIZACIÓN DEL LÍDER VIVO Y LA JEFA ESPIRITUAL MUERTA».

Una época de difícil equilibrio había comenzado. La convocatoria a la convivencia hecha a quienes no adherían al peronismo tuvo un formato errático que, en el límite de sus variaciones, pudo haber sido: "Construiremos entre todos la armonía social y política o ¡pobres de ellos!". Esa fue una modalidad contradictoria de ofrecer la participación y amenazar con el castigo, que prolongaba naturalmente en la política la matriz militar del pensamiento de Perón: "si quieres la paz, prepárate para la guerra".

Jorge Newton publicó a principios de 1955 una biografía apologética del entonces presidente, y refiriéndose al libro *Apuntes de historia militar*, la síntesis de los cursos de la Escuela Superior de Guerra de 1931-1932, sostuvo: "aparentemente ésta es una obra de carácter militar, pero si se cambian algunas palabras, si, por ejemplo, en lugar de decir 'Plan de Batalla', se dice 'Plan de Gobierno', en lugar de escribir 'Doctrina de Guerra' se escribe 'Doctrina Nacional', y si, por fin, se alude a la 'Conducción del Pueblo' en lugar de aludir a la 'Conducción del ejército', esos *Apuntes de*

**CONTRA
LA OPOSICIÓN**

**CONTRA
LA OPOSICIÓN**
DESDE PRINCIPIOS
DE SU GOBIERNO,
PERÓN ADOPTÓ
UNA LÍNEA DE
CONFRONTACIÓN CON
LA OPOSICIÓN. EN
1947 AFIRMABA:
«ELLOS EMPLEAN
EL SABOTAJE, LA
AGITACIÓN,
LA INFILTRACIÓN
COMUNISTA, EL
ATRACO, EL ENGAÑO
EN LAS MASAS.
NOSOTROS NO
TENEMOS OTRO MEDIO
QUE LA VERDAD,
Y LA VERDAD HA DE
TRIUNFAR AL FIN,
COMO YA TRIUNFÓ.»

historia militar tienen una similitud muy grande con las clases de 'conducción política' que el general Perón empieza a dictar recién en el año 1950". Entre el objetivo de unión nacional en tanto meta ideal y la lógica y el lenguaje bélico con que Perón convocaba a sus seguidores y atacaba a sus adversarios existía una brecha insalvable, agrandada por el hecho de que buena parte de sus partidarios y de sus enemigos mantuvieron la impronta inicial, es decir, expresaron en su enfrentamiento la politización de los conflictos sociales. En el centro se hallaba la lucha entre el capital y el trabajo, cuya armonización mal podía alcanzarse con esa lógica y ese lenguaje bélico. En la confluencia entre el modo de pensar y de expresarse del conductor y las contradicciones entre intereses sociales propias de un país en vías de industrialización, los peronistas forjaron su identidad política. Como personajes de Molière, la dirigencia y las bases del peronismo hablaron –la mayoría de ellos sin saberlo– en la prosa de la lucha de clases, aun cuando ella no agotaba las dicotomías existentes.

Con su gobierno, Perón se granjeó la adhesión de una parte de la población y el rechazo de la otra; muy pocos permanecieron indiferentes. Dos valores centrales: igualdad y libertad, ayudan a hacer inteligible la movilización emocional del período. El apoyo a Perón y a su gestión encontró sus bases fundamentales en quienes se sintieron convocados por el logro de una mayor igualdad social; los otros, también numerosos y sinceros en sus motivaciones, reaccionaron contra Perón y su gobierno impulsados

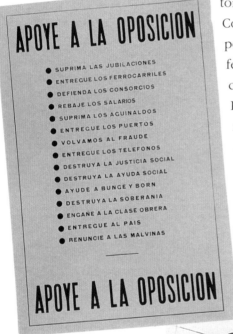

APOYE A LA OPOSICION

- SUPRIMA LAS JUBILACIONES
- ENTREGUE LOS FERROCARRILES
- DEFIENDA LOS CONSORCIOS
- REBAJE LOS SALARIOS
- SUPRIMA LOS AGUINALDOS
- ENTREGUE LOS PUERTOS
- VOLVAMOS AL FRAUDE
- ENTREGUE LOS TELEFONOS
- DESTRUYA LA JUSTICIA SOCIAL
- DESTRUYA LA AYUDA SOCIAL
- AYUDE A BUNGE Y BORN
- DESTRUYA LA SOBERANIA
- ENGAÑE A LA CLASE OBRERA
- ENTREGUE AL PAIS
- RENUNCIE A LAS MALVINAS

APOYE A LA OPOSICION

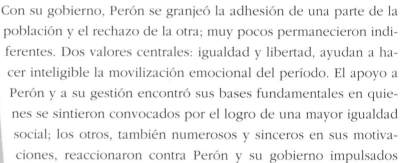

LA NACIONALIZACIÓN DE LOS FERROCARRILES. EL 1 DE MARZO DE 1948 SE REALIZÓ UNA GRAN CONCENTRACIÓN PÚBLICA FRENTE A LA ESTACIÓN RETIRO CON MOTIVO DE LA TOMA DE POSESIÓN DE LOS FERROCARRILES NACIONALIZADOS. «LA PORTEÑA» FUE TRASLADADA AL LUGAR DEL ACTO. PERÓN –OPERADO DE APENDICITIS– NO PUDO ASISTIR. EN LA FOTO VEMOS A MIGUEL MIRANDA, ARTÍFICE DE LA POLÍTICA DE NACIONALIZACIONES DEL GOBIERNO.

por la defensa de la libertad. La política de esos años no se transformó sólo en una lucha de valores, pero sería imposible ignorar la significación adquirida por esa confrontación. Si bien no todas las personas más desprotegidas social o económicamente se identificaron con Perón, tampoco la posesión de riqueza y privilegios impidió a otros brindarle su adhesión. Los conflictos sociales propios de las condiciones de industrialización fueron la causa más visible de los alineamientos políticos, pero en ellos participaba sólo una parte de la sociedad; para el resto, las afinidades valorativas fueron la esfera en la que se libró la lucha. La cesura fue lo suficientemente profunda como para prolongar esos sentimientos más allá del fin del gobierno y, aun, de la vida de Perón.

Los logros económicos y sociales del gobierno presidido por Perón que repercutieron sobre el nivel de vida de los sectores populares constituyeron la base sobre la que se erigió la adhesión y el reconocimiento de éstos. En materia de ingresos, educación y salud se tomaron iniciativas para preservar o mejorar las condiciones de existencia de los estratos menos favorecidos de la población. Si bien el peronismo benefició a otros sectores sociales, éstos no necesariamente le dieron su apoyo político. No es fácil saber cuánto se perjudicó materialmente a otros intereses sociales. Por períodos, hubo fuertes transferencias de excedentes económicos del sector rural al urbano, pero ese tipo de iniciativas no se mantuvo durante todo el decenio. Tampoco la ideología y las prácticas estatistas e intervencionistas fueron permanentes. El punto de inflexión se encontró entre 1951 y 1952 cuando, al aparecer los signos de agotamiento del primer proyecto económico instrumentado, se inició una apertura hacia el capital extranjero y, más en general, un movimiento de revaloración de la iniciativa privada. En esa segunda etapa también se deterioraron relativamente los ingresos de los asalariados, surgieron algunos conflictos obreros importantes y se prohibieron las huelgas. El hecho de que, a pesar de los cambios de orientación no disminuyeran los votos revela la consistencia de los apoyos a Perón. Para los sectores populares, el peronismo se había convertido en su identidad política; podría decirse que constituía una adhesión a sí mismos que se traducía en un voto por el imaginario social y la fuerza política que había ampliado su lugar en la sociedad.

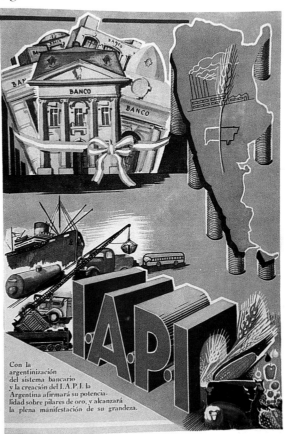

Con la argentinización del sistema bancario y la creación del I.A.P.I. la Argentina afirmará su potencialidad sobre pilares de oro, y alcanzará la plena manifestación de su grandeza.

EL INSTITUTO ARGENTINO PARA LA PROMOCIÓN DEL INTERCAMBIO «CON LA ARGENTINIZACIÓN DEL SISTEMA BANCARIO Y LA CREACIÓN DEL IAPI, LA ARGENTINA AFIRMARÁ SU POTENCIALIDAD SOBRE PILARES DE ORO, Y ALCANZARÁ LA PLENA MANIFESTACIÓN DE SU GRANDEZA.»

Perón con Fangio. Durante el primer peronismo, las actividades deportivas tuvieron un gran auge y fueron apoyadas por el gobierno. Perón, muy aficionado al deporte, asoció su figura a los triunfadores en las competencias nacionales e internacionales: Fangio, Cabrera, Pascual Pérez, Gálvez, Gatica.

La limitación de las libertades públicas consagradas en la Constitución Nacional fue otra de las características de la década peronista. Se encarceló a muchos dirigentes de la oposición y los partidos rivales casi no tuvieron acceso a los medios de comunicación, que fueron censurados y monopolizados por el gobierno e invadidos por la propaganda oficialista. En las universidades, en la cultura, se persiguió a quienes no eran partidarios del gobierno. Los sindicalistas no peronistas debieron optar entre la marginación o el riesgo de la represión. Se coartó la libertad de prensa y se sucedieron las clausuras, las expropiaciones y la venta obligada de empresas periodísticas al gobierno o a sus amigos. Juan Domingo Perón y Eva Perón fueron los nombres elegidos para calles, plazas, ciudades y provincias. Si se compara con lo ocurrido después de 1955, la humillación a la que se sometió a los opositores o a mucha gente sencillamente neutra no se acompañó con una violencia represiva intensa. Pero, en buena medida por la censura imperante, el clima psicológico de la "contra", como la denominaban los peronistas, lindó con el terror. La libertad como valor se añoró aún más en ese contexto de coerción e incertidumbre.

Resultado de las iniciativas de un amplio número de altos funcionarios, de jerarcas intermedios y de pequeños burócratas que trataban de consolidar o ganar su lugar al calor oficial, la limitación de los derechos po-

Perón con Monseñor De Andrea. Desde el comienzo de su actuación política, Perón procuró mantener una estrecha relación con la Iglesia. Este objetivo se vio favorecido por la orientación clerical del gobierno surgido del golpe del 4 de junio y por el anticlericalismo del programa de la Unión Democrática. En la foto, el coronel Perón saluda en 1945 a Monseñor De Andrea, una de las figuras de la jerarquía eclesiástica más refractarias a un compromiso entre la Iglesia y el peronismo.

líticos, las persecuciones y la imposición de signos exteriores de adhesión al régimen no fueron incongruentes con las concepciones de Perón sobre la política. Si el peronismo era el "pueblo" y la "nación", resultaba muy difícil, si no imposible, aceptar el lugar del opositor: ¿Antipueblo? ¿Antinación? ¿Quinta columna...?

Perón afirmaba que en la política o en el ejército el conductor desempeñaba un papel central. La predisposición natural y el trabajo de aprendizaje daban por resultado esos arquetipos capaces de conducir a otros. Basta leer las clases de conducción política dictadas en 1951 para captar la imagen que Perón tenía de sí mismo. El carácter excepcional que acordaba a las dotes de conducción era aún mayor en política que en materia militar. Es probable que su popularidad hubiera llevado naturalmente a sus seguidores a idolatrarlo y rendirle pleitesía, pero su propia manera de pensar el papel del conductor contribuyó enormemente. La lealtad no sólo era un sentimiento surgido en la masa sino una propuesta susceptible de anular el juicio crítico de los colaboradores más directos. En sus lecciones de historia militar todavía ocupaban un espacio privilegiado los oficiales superiores que acompañaban al conductor; en cambio, cuando el esquema pasaba a la política, prácticamente desaparecían los actores con autoridad que secundan al jefe, y el sistema de intermediación lo ocupaban los auxiliares, los ejecutores o los predicadores. Si bien la lealtad de las mayorías populares podía considerarse como un insumo imprescindible para asegurar las bases de legitimidad del poder, la que se exigía a quienes ocupaban altos cargos oficiales tomó el nítido perfil de la sumisión personal a Perón y a su esposa.

PERÓN Y LA IGLESIA
LA CARICATURA DEL PERIÓDICO *ANTINAZI*, DE NOVIEMBRE DE 1946, SE REFIERE AL ENTENDIMIENTO ENTRE LA IGLESIA Y EL RECIÉN INSTALADO GOBIERNO DE PERÓN. POCOS MESES DESPUÉS, EL CONGRESO RATIFICÓ EL DECRETO 18.411 DEL GOBIERNO MILITAR, QUE ESTABLECÍA LA ENSEÑANZA RELIGIOSA EN LAS ESCUELAS.

A partir de 1946, la popularidad de Eva Perón creció en forma vertiginosa. Por su voz se expresó, a la vez, un peronismo de valores femeninos y otro de beligerancia jacobina. En un interesante desdoblamiento, el pueblo de Perón encontró en ella a la madre de los descamisados y a la agitadora más belicosa. En los momentos de las mayores presiones políticas Perón parecía moderado en comparación con su esposa. La transgresión del protocolo fue una de las notas distintivas de Evita, aunque no dejó de mostrar que sabía adecuarse a su papel de primera dama. Sería difícil discernir si fueron sus gestos de ruptura o sus desplazamientos en suntuosos salones lo que le ganó la animadversión de quienes vieron en "esa mujer" el más insoportable símbolo de los nuevos tiempos, o quizás, el objeto predilecto de su envidia. En un momento Evita pareció muy próxi-

ACTO DEL 1º DE MAYO. «CON MOTIVO DE LA CELEBRACIÓN DEL 1º DE MAYO COMO DÍA DEL TRABAJO, REALIZÓSE AYER UN ACTO DE REAFIRMACIÓN PERONISTA QUE TUVO POR ESCENARIO LA PLAZA DE MAYO. DENSA MULTITUD SE CONGREGÓ ALLÍ PARA EXPRESAR SU SOLIDARIDAD AL PRESIDENTE DE LA REPÚBLICA Y A SU ESPOSA, CUYOS NOMBRES FUERON ACLAMADOS VIVAMENTE.» *LA NACIÓN*, 2 DE MAYO DE 1949.

EL 1º DE MAYO DE 1950. «ESOS MISMOS PRINCIPIOS ESENCIALES RESPLANDECEN AHORA, COMO ESTRELLA POLAR DE LA NACIÓN, EN EL PREÁMBULO DE SU NUEVA CONSTITUCIÓN JUSTICIALISTA Y NINGÚN ARGENTINO BIEN NACIDO PUEDE DEJAR DE QUERER, SIN RENEGAR DE SU NOMBRE DE ARGENTINO, LO QUE NOSOTROS QUEREMOS CUANDO AFIRMAMOS NUESTRA IRREVOCABLE DECISIÓN DE CONSTITUIR UNA NACIÓN SOCIALMENTE JUSTA, ECONÓMICAMENTE LIBRE Y POLÍTICAMENTE SOBERANA.» J. D. P. (1950)

ma a alcanzar la vicepresidencia y consagrar *de jure* su autoridad de hecho. Sin embargo, la resistencia militar contribuyó a bloquear ese proyecto; el episodio mostró los límites del poder del peronismo. Su muerte, ocurrida en 1952, sirvió para marcar un hito divisorio entre dos etapas. Cuando media Argentina lloraba por ella, el proyecto de 1946 llegaba a su fin.

Entre 1952 y 1955 el poder de Perón se fortaleció y se debilitó al mismo tiempo. Casi todas las entidades empresarias apoyaron su candidatura a la reelección, mientras algunos dirigentes de la oposición eran cooptados o demostraban un franco espíritu de acercamiento. En 1954, en las elecciones para vicepresidente, el oficialismo obtuvo el 62% de los sufragios. Las nuevas orientaciones económicas producían satisfacción en los Estados Unidos, el nacionalismo económico había cedido el paso a la búsqueda de inversiones extranjeras, en especial en el rubro petrolero, y todo parecía conducir a la conciliación nacional. ¿Podía el conductor manejarse sin una hipótesis de conflicto? ¿Podía el peronismo mantener su unidad política sin definir un enemigo? ¿Había terminado la revolución peronista?

En esa época de relativa tranquilidad estalló el diferendo con la Iglesia Católica. El ojo avizor, y ahora amigo, de la embajada estadounidense transmitió el 26 de noviembre de 1954 a Washington su análisis de la situación: "favorece al peronismo la recreación de una atmósfera de activismo y militancia que ha estado ausente en estos últimos meses dada la relativa calma que reina en el país hasta ahora. Sin alguna causa que suscite las pasiones partidarias, el entusiasmo peronista puede decaer" (Van der Karr, 1990). Las medidas gubernamentales que afectaban material o espiritualmente a la grey católica se multiplicaron y la oposición debilitada y disgregada encontró un inesperado eje de movilización y de unificación. Perón, que a menudo había pensado en términos conspirativos, vio en el conflicto unidos a los religiosos y a los ateos, a los comunistas y a los católicos. El enfrentamiento con la Iglesia provocó divisiones en las filas del gobierno: unos pocos renunciaron y otros, seguramente considerados "infiltrados" por los que sustentaban la teoría del complot, permanecieron expectantes en sus cargos. La delicada frontera que existe en política entre las palabras y los hechos se cruzó, no sin algunas vacilaciones, pero al fin se llegó al dantesco espectáculo de las iglesias incendiadas.

Ayer ... «EN 1943 HABÍA UN GRAN NÚMERO DE DESOCUPADOS.»

¿No había elegido Perón un enemigo demasiado poderoso? ¿No se había dejado llevar por su lógica bélica, agrandando un conflicto en principio insignificante? La pluralidad de causas del enfrentamiento escapó a la percepción de los actores. No fueron pocos los que creyeron, incluso en las filas del peronismo, que el equivocado había sido Perón. "Estoy seguro de que Perón –sostuvo años después José María Rosa– ni se dio cuenta, ni atinó a frenar lo que decían sus hombres y sus diputados. A un hombre aislado se le hace muy difícil gobernar cuando no tiene buenos consejeros." Para muchos, Perón y el peronismo se terminaban: por vías distintas pero conectadas, ambos se estaban agotando.

...Y HOY. «HOY NUESTRO PAÍS INDUSTRIALIZÁNDOSE OFRECE TRABAJO A SUS HIJOS Y A TODO AQUEL QUE LO NECESITE.»

Perón vivía rodeado por un "entorno de paniaguados", al decir de Rosa, que conoció a no pocos de ellos. El peronismo había abandonado muchas de sus ideas de la primera hora y hacía retroceder algunas de sus conquistas. A principios de julio de 1955, Perón volvió a convocar a la pacificación nacional y declaró: "dejo de ser el jefe de una revolución para pasar a ser el presidente de todos los argentinos". Apenas algo más de un mes después, el 31 de agosto, presentó su renuncia, para retirarla luego frente al reclamo de la multitud reunida en la Plaza de Mayo y una vez más, ante el público, pronunció el discurso de la guerra: "cuando uno de los nuestros caiga, caerán cinco de ellos". Sin duda estas palabras contribuyeron a inclinar a favor del golpe de Estado a muchos que aun dudaban. El fantasma de la guerra civil, con milicias obreras incluidas, nunca había parecido tan cercano.

LA PRISIÓN DE RICARDO BALBÍN. EN 1949, LA CÁMARA DE
DIPUTADOS DESPOJÓ DE SUS FUEROS A RICARDO BALBÍN —POCOS MESES
ANTES HABÍAN SIDO EXPULSADOS DE LA CÁMARA LOS DIPUTADOS
RADICALES SANMARTINO, RODRÍGUEZ ARAYA Y CATTÁNEO—. MESES
DESPUÉS, EN MARZO DE 1950, FUE DETENIDO, ACUSADO DE DESACATO
Y CONDENADO A CINCO AÑOS DE PRISIÓN. PERÓN, PREOCUPADO POR
LAS REPERCUSIONES DE LA DETENCIÓN DE BALBÍN, DECIDIÓ INDULTARLO.
EN ENERO DE 1951, BALBÍN QUEDÓ EN LIBERTAD.

**EL «BLOQUE
DE LOS 44»**
LA OPOSICIÓN
PARLAMENTARIA EN
LOS PRIMEROS AÑOS
DEL GOBIERNO DE
PERÓN ESTUVO
REPRESENTADA POR
EL «BLOQUE DE LOS
44» DIPUTADOS DE
LA UNIÓN CÍVICA
RADICAL. PRESIDIDO
POR RICARDO
BALBÍN, EL BLOQUE
ESTABA INTEGRADO
POR UN CONJUNTO
DE BRILLANTES
PARLAMENTARIOS,
ENTRE LOS QUE SE
DESTACARON ARTURO
FRONDIZI, LUIS
DELLEPIANE, GABRIEL
DEL MAZO, EMILIO
RAVIGNANI Y ANTONIO
SOBRAL.

¿No era Perón el culpable de todo lo
que ocurría? En la respuesta afirmativa convergieron los "antiperonistas
de siempre" y no pocos peronistas civiles y militares de la primera hora.
Fueron los que provenían del peronismo quienes hicieron posible un
cambio político hasta ese momento muy poco probable. El proyecto inicial del golpe de Estado fue construir un peronismo sin Perón o, si se
prefiere, mantener todas las conquistas de la transformación social ya
terminada, según el líder, pero excluir del juego al gran factor de perturbación; en última instancia era —decían quienes así pensaban— resolver el
problema de la demagogia. No todos los sectores civiles y militares que
hicieron o acompañaron el golpe compartían ese planteo, pero tenía la
suficiente fuerza como para permitir a varios de sus principales mentores
llegar al gobierno con el general Lonardi.

Ante el conato revolucionario iniciado en Córdoba, Perón resolvió no
defender su gobierno con las armas y trató de pactar con los insurrectos.
Él mismo explicó sus razones para abandonar la lucha: "Las probabilidades
de éxito eran absolutas, pero para ello, hubiera sido necesario prolongar la
lucha, matar mucha gente y destruir lo que tanto nos costó crear. Bastaría
pensar lo que hubiera ocurrido si hubiéramos entregado las armas de
nuestros arsenales a los obreros que estaban decididos a empuñarlas". La
preocupación y el temor principal de Perón surgían de la capacidad de
fuego de la Marina, dispuesta a bombardear instalaciones estratégicas como
las destilerías de petróleo o, más aún, a repetir, como el 16 de junio, el

ÁNGEL BORLENGHI. DIRIGENTE SOCIALISTA DE LA CONFEDERACIÓN DE EMPLEADOS DE COMERCIO, BORLENGHI FUE UNO DE LOS PRIMEROS SINDICALISTAS QUE SE ACERCARON A PERÓN Y TUVO UN IMPORTANTE PAPEL EN LA CONSTITUCIÓN DEL SINDICALISMO PERONISTA. EN 1946 FUE NOMBRADO MINISTRO DEL INTERIOR Y PERMANECIÓ EN ESE CARGO HASTA 1955.

ataque a mansalva contra la población. Cuando se argumentó acerca de la necesidad de defender la constitución con las armas, su respuesta fue: "La ley, la constitución, son para la República y no ésta para aquellas. Nada hay superior a la nación misma. Lo que hay que salvar siempre es el país. Lo demás es secundario frente a él".

Perón se sintió traicionado por sus oficiales, que acordaron una renuncia que nunca existió. Por otra parte, puede relativizarse la voluntad de la dirección de la CGT de luchar en septiembre de 1955 contra los sublevados si se tiene en cuenta que el proyecto de Lonardi era pactar, en principio, con ellos. No fue una casualidad el hecho de que el ministro de Trabajo del nuevo gobierno fuese Luis B. Cerruti Costa, asesor jurídico de la UOM. Perón expresó en varias oportunidades su repudio a aquellos altos dirigentes gremiales, considerándolos traidores. También pronunció juicios terminantes sobre el contralmirante Isaac Rojas: "Era un peronista furioso. Le daba recepciones a la Confederación General del Trabajo y le entregaba medallas al secretario general, a Espejo. [...] Siendo agregado naval en Brasil le quería dar adoctrinamiento peronista al embajador..."

EXILIO

Es difícil determinar cuándo comenzó Perón a luchar para recuperar el poder. Sus primeros escritos y declaraciones del exilio estaban cargados de despecho y bordeaban la furia: acusaba a los militares, la Iglesia, los empresarios y los imperialismos. Luego empezó una lenta y perseverante búsqueda de aliados. Un colaborador de la primera época de destierro, muy pronto desilusionado, Rodolfo Martínez, narró así el cambio de Perón al promediar 1956: "La depuración y la selección dejaron de preocuparle. Las transacciones y alianzas ya no eran repudiables. Ante mi estupor, un día me dijo: 'Si es necesario tenemos que aliarnos con el propio Diablo si ello nos facilita el regreso al gobierno.'"

PERÓN EN LA ENCRUCIJADA CARICATURA DE LA REVISTA *CASCABEL* DE 1946: «POR AHORA VAS BIEN; PERO A MEDIDA QUE AVANCES TE VA A RESULTAR MÁS DIFÍCIL ...»

—Por ahora vas bien; pero a medida que avances te va a resultar más difícil...

ENTREGA DE UN PREMIO DEPORTIVO
EL DEPORTE Y LA NIÑEZ ESTUVIERON FUERTEMENTE
ASOCIADOS EN LA ACCIÓN DE GOBIERNO DEL PERONISMO.
EN LA FOTO, DE 1953, PERÓN ENTREGA UN PREMIO
DEPORTIVO.

De acuerdo con sus órdenes, en las elecciones de Constituyentes de 1957, alrededor del 25% de los votantes sufragó en blanco. El paso siguiente fue el pacto con Frondizi y como ese acuerdo se cumplió sólo parcialmente, la nueva "traición" llevó a Perón a radicalizar sus posiciones. A su vez, el frondicismo intentó integrar a los peronistas y encontró buenos ecos en los sindicalistas y en los dirigentes políticos. El exiliado candidato no desvalorizó la amenaza, pero reaccionó revelando seguridad: "nosotros tenemos la masa y el día que yo pegue el grito, se quedarán solos", le escribió en una carta a John William Cooke, fechada el 20 de diciembre de 1958, en Ciudad Trujillo. Cooke era, en esa época, su hombre de confianza; en él había delegado la dirección táctica de la política interna y, desde fines de 1956, lo había designado heredero en caso de fallecer. En la carta citada, Perón no ocultaba su desconfianza hacia los dirigentes gremiales y políticos peleados entre sí: "mil genios dispersos y antagónicos suelen valer menos que mil cretinos organizados y disciplinados [...] La experiencia me ha enseñado que los hombres son buenos pero si se los vigila suelen ser mejores". En ese prolongado intercambio epistolar se puede percibir el progresivo aislamiento del jefe exiliado y su perplejidad ante la nueva situación abierta con el gobierno de Frondizi.

A comienzos de 1960 Perón fijó domicilio en la España franquista. Atrás quedaban las inestables dictaduras latinoamericanas que lo habían hospedado en sus primeros años de exilio. Llegaba a Europa acompañado por María Estela "Isabel" Martínez, con quien se casó en Madrid a fines de 1961. La había conocido en Panamá, en las navidades de 1955, y si en principio ella no desempeñó un papel político, por iniciativa de Perón

DOMINGO MERCANTE. «TODOS PENSABAN ENTONCES QUE, DESPUÉS DEL VIEJITO QUIJANO, EL VICEPRESIDENTE IBA A SER MERCANTE, QUE ME HABÍA ACOMPAÑADO EL 17 DE OCTUBRE DE 1945. PERO MERCANTE DESAPROVECHÓ LA OPORTUNIDAD E HIZO UNA MALA POLÍTICA. EMPEZÓ POR LLEVAR AL GOBIERNO A MUCHA GENTE DE SU FAMILIA. A LOS DE LA FAMILIA MERCANTE LOS LLAMABAN ENTONCES 'LA FLOTA MERCANTE'. ERA JUSTO QUE ÉL TUVIERA MÁS CONFIANZA EN SUS PARIENTES QUE EN NADIE, PERO DESGRACIADAMENTE HAY COSAS QUE EN EL GOBIERNO NO SE PUEDEN HACER. EN POLÍTICA, DEL ERROR SE VUELVE, PERO DEL RIDÍCULO NO SE PUEDE VOLVER.» J.D.P. (1970)

LA HUELGA DE LOS MUNICIPALES. UNA DE LAS HUELGAS MÁS IMPORTANTES DE LOS PRIMEROS AÑOS DEL GOBIERNO DE PERÓN FUE LA DE LOS TRABAJADORES DE LA MUNICIPALIDAD DE BUENOS AIRES. EL 29 DE MAYO, LOS RECOLECTORES DE LA BASURA DECLARARON LA HUELGA, QUE SE PROLONGÓ HASTA EL 7 DE JUNIO. EL GOBIERNO LLAMÓ AL EJÉRCITO Y A LA CGT PARA LIMPIAR LAS CALLES Y PUSO PRESOS A VARIOS DIRIGENTES SINDICALES. POCO DESPUÉS, LOS TRABAJADORES MUNICIPALES CONSIGUIERON UN AUMENTO DE SALARIOS.

terminó envuelta en el torbellino de acontecimientos que lo tenían a él por centro. Poco tiempo después del inicio de la relación, Perón escribió una carta a Rodolfo Martínez en la que exaltaba las dotes de su nueva compañera y secretaria: "Toca el piano, baila, canta, cocina, administra la casa, haciéndonos la vida más agradable, por lo que ni por pasteles la dejaremos ir [...] como nosotros es criolla y, como nosotros, siente nostalgia de la Patria".

Al empezar la década de 1960 la Argentina seguía convulsionada políticamente, pero en las ideas y en lo económico los cambios eran notorios. El proceso de modernización hizo a la sociedad más sensible a las transformaciones internacionales. Las luchas por la descolonización del Tercer Mundo y las reacciones antiimperialistas dieron origen a ideas que eran acogidas junto con las provenientes de las nuevas corrientes intelectuales progresistas de los países centrales. El crecimiento del sector industrial impulsado por el gobierno de Frondizi repercutió en las estructuras sindicales y favoreció el desarrollo de un gremialismo más heterogéneo y complejo. El peronismo, un movimiento político proscripto y de

LA ÚLTIMA VACA GORDA. POCOS DÍAS DESPUÉS DEL REEMPLAZO DE MIRANDA, EL NUEVO PRESIDENTE DEL CONSEJO ECONÓMICO NACIONAL, ALFREDO GÓMEZ MORALES, INFORMABA A PERÓN SOBRE LA SITUACIÓN ECONÓMICA: «LA EXISTENCIA DE ORO Y DIVISAS EXTRANJERAS HAN DESCENDIDO A LÍMITES INFERIORES A LOS COMPROMISOS YA ADQUIRIDOS PARA FUTUROS PAGOS EN EL EXTERIOR.»

MENSAJE DE LUZ. LA POLITIZACIÓN DE LOS LIBROS ESCOLARES Y, EN OCASIONES, DE LA FIGURA DE EVITA CON ELEMENTOS RELIGIOSOS, FUERON CARACTERÍSTICAS DE LA POLÍTICA EDUCATIVA PERONISTA. EN LA PORTADA DEL LIBRO *MENSAJE DE LUZ*, PUBLICADO POCO DESPUÉS DE LA MUERTE DE EVITA, PUEDE LEERSE: «[DIOS DECIDIÓ] PONER FIN A TANTA INIQUIDAD, ENVIÓ A LA TIERRA SU ÁNGEL PREFERIDO ... Y UN DÍA, DIOS, QUE VIO CUMPLIDOS SUS DESEOS, ORDENÓ SU REGRESO...»

LA MUERTE DE EVA PERÓN. «DE NUEVO UNA MUCHEDUMBRE, AHORA SILENCIOSAMENTE PACIENTE, INVADE EL CENTRO DE BUENOS AIRES; ESPERA A LO LARGO DE HORAS EL BREVE MOMENTO EN QUE PODRÁ CONTEMPLAR, BAJO CRISTAL Y ENVUELTA EN LOS REFLEJOS VIOLÁCEOS DE UNA SABIA ILUMINACIÓN, A LA QUE FUE A LA VEZ LA DAMA DE LA ESPERANZA Y LA ABANDERADA DE LOS TRABAJADORES, PERSONIFICACIÓN DEL NUEVO ESTADO POR PRIMERA VEZ BENÉVOLO A LAS CAPAS POPULARES, PERO A LA VEZ DE ESAS CAPAS MISMAS, DEL RENCOR ACUMULADO EN SU LARGO SILENCIO POR UN PUEBLO ACASO DEMASIADO MANSO.» TULIO HALPERIN DONGHI (1972)

fronteras multiformes, fue propenso a recibir nuevas influencias. Hubo quienes identificaron la tradición peronista con las luchas antiimperialistas en boga. John William Cooke, alejado de Perón desde inicios de la década del sesenta, fue un devoto propagandista de la Revolución Cubana y de los métodos de acción violenta asociados con ella. Las ideas más combativas o de izquierda llegaron también a los sindicatos y les sirvieron a algunos de sus dirigentes para argumentar en contra de las grandes transformaciones económicas llevadas adelante por el gobierno. Pero ya fuese por los cambios producidos en la esfera de la producción que influían en la modernización de las actividades sindicales o por las estrategias de cooptación planteadas por los equipos frondicistas, aparecieron también dirigentes gremiales proclives a adaptarse e integrarse mejor a la nueva situación. Con tácticas diferentes surgió un sindicalismo que se consideró capaz de establecer relaciones directas con el Estado, alejándose en grados diversos de la conducción de Perón. Por otra parte, en algunas provincias se dieron condiciones propicias para la organización de partidos neoperonistas y dirigentes con actuación

reconocida en el período 1946-1955 se declararon autónomos de las órdenes del exiliado jefe y lograron que sus fuerzas políticas fueran legalizadas.

Así, la década del se-
senta se inició con un

PERÓN EN 1953
DESPUÉS DE LA MUERTE DE EVITA, PERÓN COMENZÓ A MOSTRAR UNA FACETA DE FRIVOLIDAD HASTA ENTONCES DESCONOCIDA. EL SUICIDIO DE JUAN DUARTE ECHÓ UNA SOMBRA SOBRE EL PROPIO PERÓN. EN ESA ÉPOCA COMENZÓ A COBRAR NOTORIEDAD EL VÍNCULO DE PERÓN CON EL FINANCISTA JORGE ANTONIO, A QUIEN ESTÁ DEDICADA ESTA FOTO.

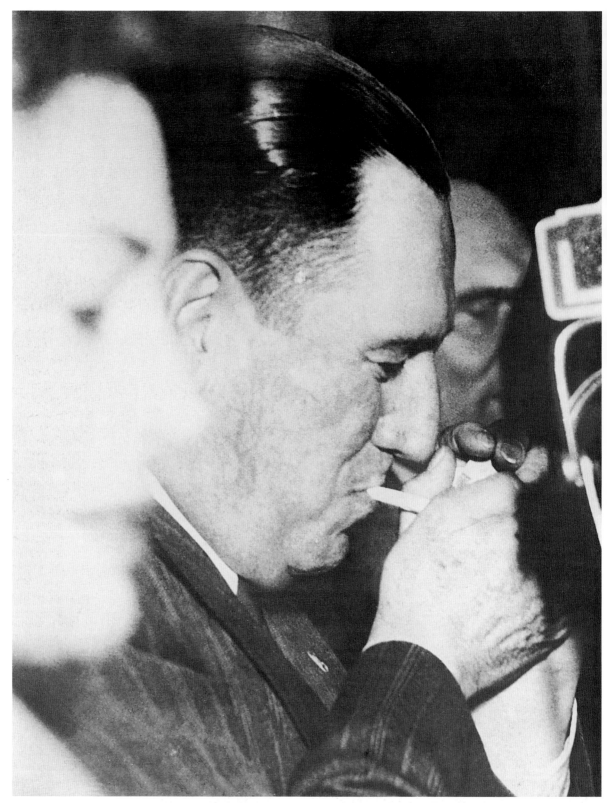

PERÓN CON DELIA PARODI
TRAS LA MUERTE DE EVITA, PERÓN ANUNCIÓ SU DECISIÓN DE HACERSE CARGO PERSONALMENTE
DE LAS TAREAS QUE HASTA ENTONCES HABÍA LLEVADO A CARGO SU ESPOSA. POR UN CORTO LAPSO,
ASUMIÓ LAS TAREAS DE ACCIÓN SOCIAL DIRECTA Y LA PRESIDENCIA DE LA RAMA FEMENINA. POCO
TIEMPO DESPUÉS, DESIGNÓ A DELIA PARODI, COLABORADORA DE EVITA, EN ESE CARGO.

notable debilitamiento del poder de Perón, y de su capacidad para influir en la política argentina. Por vías distintas sus seguidores se dispersaban. Perón no se quedó totalmente solo, pero su situación se asemejó por primera vez a la de un general sin ejército. Quizá, para llenar sus ratos de ocio y aprovechando la perspectiva que le daba vivir en Europa, Perón volcó por entonces su atención a los temas de política internacional. Sus ideas sobre la Argentina se articularon con nuevos razonamientos sobre las transformaciones mundiales y algunas equivalencias no muy claras –tales como Tercera Posición y Tercer Mundo– comenzaron a incorporarse a su trabajo de actualización doctrinaria.

El 18 de marzo de 1962, el triunfo electoral del peronismo en varias provincias importantes precipitó la destitución de Frondizi por las fuerzas armadas. El interinato presidido por el senador José María Guido fue un período de crisis permanente que desembocó en una nueva convocatoria de la ciudadanía a las urnas. Mientras se preparaban esos comicios, era claro que en las filas del peronismo eran muchos los que se despreocupaban de las directivas de Perón. Las elecciones de 1963, en un contexto de proscripción del peronismo y de sus coyunturales aliados, consagraron un módico triunfo del radical Arturo Illia; la influencia de las directivas de Perón seguía en baja: apenas el 19,4% de los votantes obedeció la consigna impartida desde Madrid de sufragar en blanco. Los dos años y medio de gobierno

INCENDIO DE LAS IGLESIAS
EL CONFLICTO DE PERÓN CON LA IGLESIA CATÓLICA ALCANZÓ UNO DE SUS PICOS DE MAYOR VIRULENCIA EN JUNIO DE 1955. LA PROCESIÓN DE CORPUS CHRISTI SE CONVIRTIÓ EN UNA MANIFESTACIÓN OPOSITORA. POCOS DÍAS MÁS TARDE, EL 16 DE JUNIO, ESTALLÓ UN ALZAMIENTO MILITAR, ENCABEZADO POR LA MARINA DE GUERRA. LA PLAZA DE MAYO FUE BOMBARDEADA. LA NOCHE DEL ALZAMIENTO, DESPUÉS DE UNA CONCENTRACIÓN CONVOCADA POR LA CGT, FUERON QUEMADAS LA CURIA Y VARIAS IGLESIAS DEL CENTRO DE BUENOS AIRES.

CINCO POR UNO. EN LOS MESES SIGUIENTES AL ALZAMIENTO DE JUNIO, PERÓN OSCILÓ ENTRE LOS LLAMADOS A LA PACIFICACIÓN Y LAS AMENAZAS DE GUERRA. LA MÁS VIOLENTA SE PRODUJO EN EL DISCURSO DEL 30 DE AGOSTO: «LA CONSIGNA PARA TODO PERONISTA, ESTÉ AISLADO O DENTRO DE UNA ORGANIZACIÓN, ES CONTESTAR A UNA ACCIÓN VIOLENTA CON OTRA MÁS VIOLENTA... ¡Y CUANDO UNO DE LOS NUESTROS CAIGA, CAERÁN CINCO DE LOS DE ELLOS!»

de Illia fueron objetivamente favorables para las distintas corrientes peronistas que cuestionaban de modo más o menos explícito la conducción de Perón. Las luchas sindicales alcanzaron niveles desconocidos hasta entonces y se consolidó la proyección política del dirigente metalúrgico Augusto Timoteo Vandor. Los sectores con ideas de izquierda que tomaban distancia de Perón se beneficiaron con las libertades públicas existentes en esa época y los neoperonistas continuaron fortaleciéndose.

En 1964, Perón realizó su retorno fallido al país. El episodio muestra la declinación de su influencia política. Las escasas movilizaciones de sus partidarios revelan que el "retorno" estaba perdiendo su atractivo simbólico. En marzo de 1966 se realizaron elecciones de gobernador en la provincia de Mendoza, y Perón y Vandor apoyaron distintas candidaturas. Para avalar a quienes se mantenían leales a su conducción, Perón envió a la Argentina a su esposa "Isabel". En el curso de esa misión exitosa –que demostró al exiliado conductor que no todo estaba perdido– ella tomó contacto con el ex agente de policía José López Rega, quien desde julio de 1966 se incorporó al elenco de auxiliares domésticos del exiliado líder. Así, por la puerta chica, entró en la historia política argentina uno de sus

RUMBO AL EXILIO. EL 20 DE SEPTIEMBRE DE 1955, CUATRO DÍAS DESPUÉS DE LA INICIACIÓN DEL MOVIMIENTO MILITAR QUE PUSO FIN AL GOBIERNO PERONISTA, PERÓN SE ASILÓ EN LA EMBAJADA PARAGUAYA. DE ALLÍ SE TRASLADÓ A UNA CAÑONERA DE ESE PAÍS ANCLADA EN EL PUERTO. PARTIÓ DÍAS MÁS TARDE A SU LARGO EXILIO EN PARAGUAY, PANAMÁ, VENEZUELA, SANTO DOMINGO Y ESPAÑA.

PEDRO EUGENIO ARAMBURU. EN NOVIEMBRE DE 1955, ARAMBURU REEMPLAZÓ EN LA PRESIDENCIA AL GENERAL EDUARDO LONARDI. EL ASCENSO DE ARAMBURU SIGNIFICABA EL PREDOMINIO DE LA ORIENTACIÓN MÁS CLARAMENTE ANTIPERONISTA EN EL SENO DEL GOBIERNO SURGIDO CON EL GOLPE. EN TÉRMINOS DE LA JUNTA CONSULTIVA DE LA REVOLUCIÓN LIBERTADORA, LA SALIDA DE LONARDI IMPLICABA «EL FRACASO DEL INTENTO NACIONALISTA Y TOTALITARIO QUE SE PROPONÍA DESNATURALIZAR LOS FINES DEMOCRÁTICOS DE LA REVOLUCIÓN LIBERTADORA».

más extraños personajes, activo participante de la guerra de sucesión desatada en el crepúsculo de la vida de Perón.

A mediados de 1966 un golpe militar destituyó al presidente Arturo Illia y designó en su reemplazo al general Juan Carlos Onganía. Perón declaró su apoyo al golpe de Estado, aunque no era él quien podía resultar beneficiado con un régimen autoritario que aspiraba a permanecer no menos de veinte años. En cambio, la situación de los sindicalistas era distinta, ya que se les otorgaba el papel de interlocutores corporativos y se les prometía privilegiar sus demandas, al igual que a las entidades patronales.

El proyecto autoritario consiguió en un principio tanto el apoyo de los sindicalistas afines a Vandor como el de los que habían continuado hasta entonces leales y "de pie", como ellos decían, junto a Perón. Era fácil percibir que el lugar político del fundador del peronismo continuaba eclipsándose. Varios testimonios de los años 1966 y 1967 muestran a un Perón aburrido, buscando con quien conversar acerca de la Argentina. "En aquellos tiempos, acercarse al General parecía una pérdida de tiempo", escribió Tomás Eloy Martínez en *Las memorias del general*.

Perón estaba disponible para escuchar a sus variados visitantes; solía decir que ya estaba "amortizado" y, seguramente, no mentía. En su seguro camino al retiro efectivo de la acción política se cruzaron, sin embargo, varios procesos distintos pero conectados entre sí. El gobierno de Onganía prohibió la actividad partidaria y los dirigentes más viejos y los menos amantes del riesgo se llamaron a descanso. Sobre el espacio vacío avanzó una nueva generación más dispuesta a mantener con vida las tradiciones de sus fuerzas políticas. Desde fines de julio de 1966, las universidades intervenidas por el gobierno perdieron el carácter de islas separadas de la política nacional, y los estudiantes trataron de identificarse con el "pueblo", una noción general y abstracta. Por su parte, la política económica de Onganía llevó a la ruptura las lealtades corporativas iniciales, las entidades sindicales se dividieron y surgió una fuerte corriente decidida a enfrentar al gobierno. El tradicionalismo cultural de las autoridades suscitaba el rechazo de los sectores más liberales de la población y su insensibilidad social le ponía en contra a una parte de la Iglesia y de sus fieles. Entre 1967 y 1968, hasta el menos perspicaz de los observadores de la realidad argentina pudo percibir los significativos cambios registrados. La sociedad comenzaba a

JOHN WILLIAM COOKE. «EL DOCTOR COOKE FUE EL ÚNICO DIRIGENTE QUE SE CONECTÓ A MÍ Y EL ÚNICO QUE TOMÓ ABIERTAMENTE UNA POSICIÓN DE ABSOLUTA INTRANSIGENCIA, COMO CREO YO QUE CORRESPONDE AL MOMENTO QUE VIVE NUESTRO MOVIMIENTO. [...] FUE TAMBIÉN EL ÚNICO DIRIGENTE QUE MANTUVO PERMANENTE ENLACE CONMIGO Y QUE, A PESAR DE SUS DESPLAZAMIENTOS DE UNA CÁRCEL A OTRA, PUDO LLEGAR SIEMPRE A MÍ CON SUS INFORMACIONES Y YO A ÉL CON MIS DIRECTIVAS» J. D. P. (1957)

EXILIO EN CARACAS. PERÓN VIVIÓ LA MAYOR PARTE DEL AÑO 1957 EN CARACAS. EN LA FOTO, APARECE ACOMPAÑADO, ENTRE OTROS, POR MARÍA ESTELA MARTÍNEZ, ROBERTO GALÁN Y RODOLFO JOSÉ MARTÍNEZ. DESDE CARACAS, PERÓN PREDICÓ UNA LÍNEA DE INTRANSIGENCIA FRENTE AL RÉGIMEN MILITAR, MANIFIESTA EN SU ORDEN DE VOTAR EN BLANCO EN LAS ELECCIONES PARA LA ASAMBLEA CONSTITUYENTE DE 1957.

movilizarse, pero no había dirigentes con quienes identificarse. Para decirlo en lenguaje militar, había tropas y capitanes, faltaban los generales o el Estado Mayor. En Madrid había, en cambio, un general cuyas huestes se hallaban casi totalmente dispersas. El encuentro resultó, para seguir con imágenes bélicas, explosivo.

Una vez más, un libro nos sirve para fijar un punto de giro importante en la estrategia de Perón. En *Latinoamérica: ahora o nunca* compiló sus ideas nuevas y trató de encontrarles raíces en las de otros momentos. El destinatario principal de ese pequeño libro eran los jóvenes y si bien su mensaje podía dar lugar a distintas lecturas, había una línea directriz centrada en su teoría de la evolución de las sociedades que conducía al "gobierno de los pueblos". En auxilio de su tesis apelaba a las encíclicas papales progresistas y a los principios revolucionarios del Tercer Mundo. El enemigo: "las plutocracias imperialistas". La alternativa: "liberarnos de las fuerzas de ocupación que hacen posible la explotación y dominación imperialista". El actor principal de esa liberación: la juventud, a la que "le queda la tarea de llevar a los hechos el triunfo mediante la lucha que sea menester empeñar". No proponía una única vía para lograr esa liberación, pero señalaba la existencia en el mundo de una explicable rebelión juvenil y "los idealistas, que en la juventud abundan, se enrolan en las guerrillas para luchar por la liberación o preparan insurrecciones con el mismo fin". Perón se había desplazado discursivamente a la izquierda. Si era fácil reconocer los viejos temas, no era menos evidente que ahora se tocaban en otra clave.

A partir de 1969 el país entró en un proceso de violencia multiforme que se expresó en los más diversos ámbitos de la vida social. Obreros en huelgas por salarios, vecinos descontentos por los impuestos y estudiantes movilizados contra las autoridades universitarias habían existido antes; lo nuevo fue la legitimidad acordada a las prácticas de violencia. No todos los integrantes de cada una de esas comunidades participaba en los enfrentamientos más duros y combativos, pero se había instalado en el espíritu de la mayoría la aceptación del uso de la fuerza. El sentido común trivializó acciones que implicaron pérdidas de vidas, heridos y cuantiosos daños materiales. La Argentina entró a pasos acelerados en una dinámica de descomposición del orden autoritario y Onganía cayó en una situación

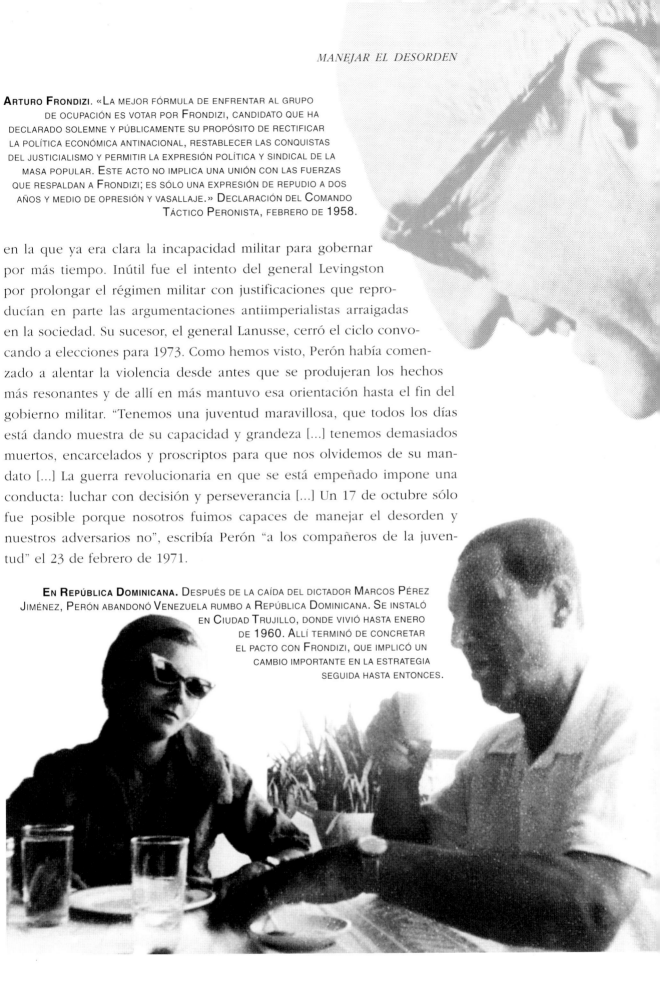

ARTURO FRONDIZI. «LA MEJOR FÓRMULA DE ENFRENTAR AL GRUPO DE OCUPACIÓN ES VOTAR POR FRONDIZI, CANDIDATO QUE HA DECLARADO SOLEMNE Y PÚBLICAMENTE SU PROPÓSITO DE RECTIFICAR LA POLÍTICA ECONÓMICA ANTINACIONAL, RESTABLECER LAS CONQUISTAS DEL JUSTICIALISMO Y PERMITIR LA EXPRESIÓN POLÍTICA Y SINDICAL DE LA MASA POPULAR. ESTE ACTO NO IMPLICA UNA UNIÓN CON LAS FUERZAS QUE RESPALDAN A FRONDIZI; ES SÓLO UNA EXPRESIÓN DE REPUDIO A DOS AÑOS Y MEDIO DE OPRESIÓN Y VASALLAJE.» DECLARACIÓN DEL COMANDO TÁCTICO PERONISTA, FEBRERO DE 1958.

en la que ya era clara la incapacidad militar para gobernar por más tiempo. Inútil fue el intento del general Levingston por prolongar el régimen militar con justificaciones que reproducían en parte las argumentaciones antiimperialistas arraigadas en la sociedad. Su sucesor, el general Lanusse, cerró el ciclo convocando a elecciones para 1973. Como hemos visto, Perón había comenzado a alentar la violencia desde antes que se produjeran los hechos más resonantes y de allí en más mantuvo esa orientación hasta el fin del gobierno militar. "Tenemos una juventud maravillosa, que todos los días está dando muestra de su capacidad y grandeza [...] tenemos demasiados muertos, encarcelados y proscriptos para que nos olvidemos de su mandato [...] La guerra revolucionaria en que se está empeñado impone una conducta: luchar con decisión y perseverancia [...] Un 17 de octubre sólo fue posible porque nosotros fuimos capaces de manejar el desorden y nuestros adversarios no", escribía Perón "a los compañeros de la juventud" el 23 de febrero de 1971.

EN REPÚBLICA DOMINICANA. DESPUÉS DE LA CAÍDA DEL DICTADOR MARCOS PÉREZ JIMÉNEZ, PERÓN ABANDONÓ VENEZUELA RUMBO A REPÚBLICA DOMINICANA. SE INSTALÓ EN CIUDAD TRUJILLO, DONDE VIVIÓ HASTA ENERO DE 1960. ALLÍ TERMINÓ DE CONCRETAR EL PACTO CON FRONDIZI, QUE IMPLICÓ UN CAMBIO IMPORTANTE EN LA ESTRATEGIA SEGUIDA HASTA ENTONCES.

PLANEANDO EL RETORNO
EN 1964 UN CONJUNTO DE LOS MÁS ENCUMBRADOS DIRIGENTES PERONISTAS —DELIA PARODI, JORGE ANTONIO, ALBERTO ITURBE, CARLOS LASCANO, ANDRÉS FRAMINI Y AUGUSTO VANDOR (VARIOS DE ELLOS EN LA FOTO)— ORGANIZARON UN PLAN DE RETORNO DE PERÓN A LA ARGENTINA.

Perón había encontrado sus soldados; los términos bélicos ya no eran una metáfora. Si bien esto parecía pasar inadvertido por quienes estimulaban y protagonizaban la violencia guerrillera, Perón denominaba a esas organizaciones de una manera inequívoca: "formaciones especiales". Vale decir, no se trataba de un ejército destinado a tomar el poder sino de destacamentos de avanzada formados especialmente para realizar misiones arriesgadas, a veces detrás de las posiciones del enemigo y siempre con el propósito de fomentar el desorden y el desconcierto del adversario. Luego, naturalmente, vendrían las fuerzas capaces de ocupar el territorio cuyas puertas habían sido abiertas por las "formaciones especiales".

Perón retornó a la Argentina el 17 de noviembre de 1972, diecisiete años y dos meses después del día en que había iniciado su larga travesía en el exilio, y encontró un peronismo muy distinto del

LA «OPERACIÓN RETORNO»
EL 2 DE DICIEMBRE DE 1964, PERÓN, JUNTO CON JORGE ANTONIO Y LOS MIEMBROS DE LA COMISIÓN PRO RETORNO, SE EMBARCÓ EN UN AVIÓN DE IBERIA, CON DESTINO A MONTEVIDEO, QUE A LA MAÑANA SIGUIENTE HIZO ESCALA EN RÍO DE JANEIRO. ALLÍ, PERÓN Y SUS ACOMPAÑANTES FUERON OBLIGADOS A BAJAR, Y EMBARCADOS DE REGRESO A ESPAÑA AL DÍA SIGUIENTE.

que había dejado. Para trazar un bosquejo del nuevo mapa de su movimiento le hubiese resultado suficiente interrogar sobre sus trayectorias políticas e individuales a los miembros de la numerosa comitiva que fue a buscarlo a Madrid. En los aledaños de Ezeiza lo esperaba un sinnúmero de pequeñas y grandes columnas que pese a la prohibición oficial intentaban acercarse al aeropuerto. Allí también predominaban las diferencias: habitantes de las villas miseria, estudiantes universitarios, militantes sindicales, miembros de las organizaciones armadas, viejos peronistas, hijos de furibundos antiperonistas, obreros, cuentapropistas, pequeños empresarios; tampoco faltaban algunos guardiamarinas recién sublevados y jóvenes militares dados de baja hacía poco tiempo por sus simpatías con el peronismo de izquierda.

Pocos días más tarde, como si el calendario hubiese retrocedido diecisiete años, se reunieron en torno de Perón los partidos políticos a los que había convocado a la pacificación nacional en los meses anteriores a su caída. El acuerdo logrado con los dirigentes partidarios transformó su retorno en "prenda de paz". La derrota del régimen militar no era completa: al menos Perón no podría ser candidato a la presidencia, pues estaba excluido por la cláusula de residencia establecida *ad hoc* por el gobierno para dejar fuera de juego a quienes no habitaran en el país antes del 25 de agosto de ese año. Sin quererlo, los políticos castrenses y sus asesores jurídicos habían engendrado el lema principal de la ya próxima campaña electoral del peronismo: "Cámpora al gobierno, Perón al poder". Pero en los agitados días que siguieron a su regreso, todavía no se trataba de candidaturas y puestos sino de recordar valías y méritos, cuya evocación podía, es verdad, legitimar aspiraciones. Aquí sí era notable la diferencia con el período anterior a 1955. Perón se encontró con interlocutores internos sólidos de muy distintas características en las filas de su movimiento, con quienes debió dialogar y negociar. Ya no era el conductor que elegía a los ejecutores de su política en un círculo de individuos leales y en muchos casos propensos a la obsecuencia o, al menos, a considerarse con pocos merecimientos propios. ¿No habían sido los sindicatos los que salvaran la continuidad del peronismo en las horas más duras de persecución y proscripción? ¿No eran los viejos políticos de la primera hora, algunos de ellos con su experiencia acrecentada en el neoperonismo, los portadores de un saber sobre la gestión administrativa del Estado imprescindible para los vecinos desafíos del manejo del gobierno? Los militares

Augusto Timoteo Vandor. «Ahí está el caso de Augusto Vandor. Ese hombre, pobre, tenía que terminar mal. Era hábil e inteligente, y solía consultarme lo que hacía. Yo le decía: 'Tenga cuidado, Vandor. No saque los pies del plato, porque la organización puede tomar medidas. No es por mí. ¡Yo perdono a todos! Yo jamás tomé medidas contra nadie, porque no creo que sean necesarias. Las medidas las toman las organizaciones.»
J. D. P. (1970)

cuya carrera fue tronchada en 1955 por su lealtad a Perón, ¿no merecían un trato deferente? Las movilizaciones callejeras, el heroísmo y la sangre ¿no habían sido la contribución de los jóvenes? Muy pocos, por cierto, estaban dispuestos a deponer aspiraciones.

LA GUERRA DE LA SUCESIÓN

EN LA QUINTA «17 DE OCTUBRE» DECIDIDO A RADICARSE EN ESPAÑA, PERÓN HIZO CONSTRUIR LA QUINTA «17 DE OCTUBRE». DESDE ALLÍ PROCURÓ CONDUCIR AL CONJUNTO DEL PERONISMO. SU FÓRMULA ERA SENCILLA: «TENGO QUE ACTUAR UN POCO COMO EL PADRE ETERNO, BENDICIENDO *URBI ET ORBI*, PERO DEJANDO QUE LA PROVIDENCIA HAGA SU TRABAJO, SIN APARECER MUCHO. CREO QUE LA FUERZA DEL PADRE ETERNO RESIDE EN QUE NO APARECE MUCHO. SI VIÉRAMOS A DIOS TODOS LOS DÍAS, TERMINARÍAMOS PERDIÉNDOLE EL RESPETO, Y MÁS AÚN, NO ESTARÍAMOS LEJOS DE QUE APARECIERA ALGÚN LOCO QUE QUISIERA REEMPLAZARLO».

El 11 de marzo de 1973 el peronismo ganó las elecciones. Ese día se cerró un período histórico. Las múltiples crisis de la vida política argentina se combinaron desde el triunfo electoral de Cámpora con las tensiones internas del movimiento peronista. Las decisiones de Perón influyeron considerablemente en los sucesos ocurridos a partir de marzo de 1973. Sin embargo, entre ese momento y su fallecimiento la lucha por la sucesión ocupó el centro de la escena. Este conflicto no fue el único, ni sus consecuencias y tensiones cubrieron la totalidad del paisaje, pero dio sentido a muchas de las conductas de la época.

Cuando se produjo el triunfo electoral, y se encontraban ya en la antesala del control del Estado, los distintos sectores del peronismo se plantearon seriamente el problema de la sucesión. Sólo Perón había podido unirlos a todos para llevarlos al gobierno, y si bien las disputas por las candidaturas habían sido arduas, había muchos puestos y la distribución se realizó con el laudo del conductor sin quebrar la unidad. En torno a las orientaciones programáticas no habían surgido problemas: un ideario nacionalista, estatista, favorable a los sectores asalariados y menos privilegiados de la población, industrialista, tercermundista en política internacional. En síntesis, "liberación o dependencia" era la alternativa ideológica del conjunto del peronismo. Cuando se inició el gobierno de Cámpora, la asignación de las carteras ministeriales reflejó la presencia de los distintos sectores del oficialismo y de sus aliados sociales y políticos. Sin embargo, había una cuestión muchísimo más compleja: quién sucedería a Perón. En sentido estricto, esta herencia suponía ser aceptado por los peronistas como conductor del conjunto del movimiento y árbitro en las rencillas internas. Sin organización estable y bien estructurada, sin contar con dirigentes sectoriales de una jerarquía y un reconocimiento mínimamente comparable al de Perón, la sucesión no podía sino adoptar características caóticas. El arte del conductor había consistido en buscar equilibrios y crear contrapesos, fomentando un juego de neutralización recíproca capaz de asegurarle un liderazgo indiscutido. Esta estrategia había resultado más o menos exitosa

PERÓN VUELVE. HACIA PRINCIPIOS DE LA DÉCADA DE 1970 CRECIERON LAS PERSPECTIVAS DE UNA SALIDA ELECTORAL. UNO DE LOS PROBLEMAS DE PERÓN FUE ENTONCES MANTENER BAJO SU LIDERAZGO A LAS DIFERENTES VERTIENTES DEL PERONISMO. EN LA FOTO, CON JOSÉ IGNACIO RUCCI, ANTONIO CAFIERO Y HERMINIO IGLESIAS.

según los diferentes momentos, y en la medida en que se vislumbró la proximidad de su muerte el discurso formal de la verticalidad resultó conveniente para todos los que creían poder heredar la posición rectora. Por debajo de ese acuerdo se comenzó a librar una lucha despiadada. No se trataba de una disputa explícita por la herencia pues, salvo para Perón, el tema de su muerte se había convertido en una cuestión innombrable en público. Tampoco se dirimían cuestiones programáticas. Así, el conflicto se hizo esotérico y elitista y la violencia fue en aumento.

El segundo retorno de Perón, el 20 de junio de 1973, concentró a una enorme multitud en Ezeiza. Los bosques vecinos se convirtieron en campo de batalla entre fracciones rivales que en apariencia peleaban sólo por la ubicación ante el palco. El fracaso de la ceremonia de recepción significó un profundo debilitamiento para el gobierno de Cámpora. Más allá de que el efímero presidente buscara o no ser el heredero, su posición institucional le otorgaba ventajas. Igualmente deteriorada quedó la situación de las "formaciones especiales" responsabilizadas al día siguiente, en una

JOSÉ LÓPEZ REGA. EN SU VIAJE A LA ARGENTINA DE 1966, ISABEL PERÓN CONOCIÓ A JOSÉ LÓPEZ REGA, UN SOLÍCITO EX AGENTE DE POLICÍA QUE POCO MÁS TARDE SE INCORPORÓ AL ELENCO DE AUXILIARES DOMÉSTICOS DE PERÓN. SU INFLUENCIA SOBRE PERÓN FUE EN AUMENTO Y SE CONVIRTIÓ EN SU SECRETARIO PRIVADO. EN 1973 FUE NOMBRADO MINISTRO DE BIENESTAR SOCIAL Y TUVO UN IMPORTANTE PAPEL EN EL REEMPLAZO DE CÁMPORA POR RAÚL LASTIRI.

La hora del pueblo. Después de su llegada a Buenos Aires, Perón se puso en contacto con la dirigencia de «La Hora del Pueblo», formada en noviembre de 1970 sobre la base de un acuerdo entre el peronismo y el radicalismo. En la foto, del 20 de noviembre de 1972, Perón entra con Cámpora —su delegado personal— al restaurante Nino, donde se realizaba una reunión de la oposición.

Con López Rega. «En julio de 1971, sus atribuciones [de López Rega] se habían extendido tanto, que prácticamente todos los mensajes, llamadas telefónicas y pedidos de audiencia destinados a Juan Perón eran pasados por su tamiz personal.» Tomás Eloy Martínez (1975)

alocución de Perón, por lo ocurrido en Ezeiza. Es interesante destacar que en ese discurso llamaba a reorganizar "al país y dentro de él al Estado", y definía la situación vivida bajo el régimen militar como una guerra civil "desarrollada embozadamente [pero que] no por eso ha dejado de existir". Con términos severos les recordaba a los jóvenes radicalizados los principios de la "doctrina peronista" y los invitaba a disciplinarse y respetarla; decía: "La oportunidad suele pasar muy quedo. ¡Guay de los que carecen de sensibilidad e imaginación para percibirla!".

Con la renuncia de Cámpora se instaló la candidatura de Perón. En el interinato institucional avanzó el sector encabezado por el ministro de Bienestar Social, José López Rega, miembro privilegiado de su grupo de íntimos. Durante los tres meses de la presidencia de Raúl Alberto Lastiri, yerno de López Rega, se multiplicaron los atentados y hechos de armas de la más diversa autoría. Los dirigentes sindicales, un tanto dejados de lado durante la gestión de Cámpora, buscaron recobrar espacio y, en especial, iniciaron lo que dio en llamarse la "guerra de los gobernadores", acciones por las que lograron aumentar su participación en los gobiernos de varias provincias. También los dirigentes gremiales acrecentaron en ese período su influencia en la dirección del partido justicialista. Los pasos hacia un aumento de poder dados por los sindicalistas produjeron como consecuencia principal, aunque no única, el retroceso de los dirigentes del ala política. La legitimidad de éstos era endeble y dependía ante todo de sus buenas y personales relaciones con Perón. En este contexto de crisis general, la designación del "heredero" se identificó con la nominación del candidato a vicepresidente. La opción recayó en María Estela Martínez de Perón y fue un gran logro para el grupo de íntimos del anciano jefe del peronismo. ¿O fue esa una decisión exclusiva y meditadamente tomada por Perón? En cualquier caso, el hecho ponía en evidencia la incapacidad de los sectores más sólidos y con más historia en el peronismo para asumir la sucesión. Las elecciones del 23 de septiembre le dieron el triunfo a la fórmula Perón-Perón con el 62% de los sufragios y los vencedores prestaron juramento el 12 de octubre.

Respecto de las orientaciones económicas y sociales, entre los gobiernos de Cámpora, Lastiri y Perón existió una continuidad total. Comenzaron a ponerse en práctica las propuestas programáticas que dieron como resultado el aumento del control estatal de la economía y buscaron la redistribución de ingresos. Globalmente, la acción gubernamental se asemejó mucho más a la de los años 1946-1951 que a la del período 1952-1955. En el campo de la política internacional, la Argentina se sumó a los países no alineados, tomó posiciones contrarias a las de Estados Unidos en varias reuniones continentales y, además, rompió el bloqueo comercial que desde hacía muchos años pesaba sobre Cuba. También surgió cierta tirantez por la injerencia en cuestiones internas por parte de la diplomacia norteamericana. Las tensiones con los sectores de la gran burguesía agraria por las medidas que lesionaban sus intereses y, en especial, por un proyecto impulsado por el Poder Ejecutivo para establecer un impuesto a la renta normal potencial de la tierra, fueron permanentes en los años 1973 y 1974. Con el empresariado industrial las relaciones fueron mejores, si bien no faltaron situaciones de conflicto, en especial, por la mayor atención que el gobierno de Perón prestó a las demandas de la CGT.

"Nosotros somos un movimiento de izquierda. Pero la izquierda que propugnamos es una izquierda justicialista por sobre todas las cosas; no es una izquierda comunista ni anárquica", afirmó Perón en una conferencia ante los gobernadores de provincias, el 2 de agosto de 1973. Coherente con la matriz de pensamiento que siempre había empleado, suponía que una política como la propuesta debía despertar la reacción de los sectores internos y de los intereses externos negativamente afectados. Perón

ALEJANDRO AGUSTÍN LANUSSE. «SU PRESTIGIO MILITAR SE HABÍA CONSOLIDADO DESDE ENTONCES GRACIAS A UNA PERSONALIDAD —QUE PONDRÍA EN EVIDENCIA COMO PRESIDENTE— QUE CONTRASTABA CON LAS DE ONGANÍA Y LEVINGSTON: APUESTO, DE HABLAR FÁCIL EN UN ESTILO LLANO Y DIRECTO, CON GUSTO Y TALENTO PARA LA MANIOBRA POLÍTICA, ERA EL ÚNICO JEFE MILITAR APARECIDO ÚLTIMAMENTE CON ATRACTIVO PERSONAL SOBRE LA POBLACIÓN.» GUILLERMO O'DONNELL (1982)

EL AVIÓN DEL REGRESO. CON MOTIVO DEL REGRESO DE PERÓN EN 1972, UNA HETEROGÉNEA COMITIVA DE POLÍTICOS, EMPRESARIOS, ESCRITORES, ARTISTAS, DEPORTISTAS, SACERDOTES, GREMIALISTAS Y MILITARES ABORDÓ EL CHARTER QUE TRAERÍA DE VUELTA AL GENERAL. EN LA FOTO, ALGUNOS DE LOS VIAJEROS: EL PADRE CARLOS MUJICA, CHUNCHUNA VILLAFAÑE, MARILINA ROSS Y EDUARDO DUHALDE.

empleó el término "sinarquía" –con el que designaba grandes poderes internacionales que en forma concertada o separada podían obstaculizar el proceso político o económico en curso en el país–, con menor frecuencia que en el exilio, pero resulta fácil reconocer esa idea detrás de algunas de sus explicaciones sobre los acontecimientos de los años 1973 y 1974. El repertorio de los agentes externos a los que creía capaces de desestabilizar la situación política nacional nunca fue formulado por completo, pero en todo momento jerarquizó las eventuales amenazas provenientes del "imperialismo yanqui" y del "imperialismo soviético", menciones muchas veces matizadas dado su carácter de jefe de Estado.

En el orden de la política internacional, Perón sostenía que existía un conjunto de países con intereses relativamente comunes y opuestos a los imperialismos y perjudicados por ellos, que formaban el Tercer Mundo; incluía a la China de Mao y a las naciones de Europa occidental.

El conflicto con el ala radicalizada de la juventud peronista le planteó un problema grave y lo llevó a formular numerosas reflexiones públicas. Consideró los hechos de violencia producidos por las organizaciones armadas peronistas y no peronistas como efectos de una guerra civil. Según esas ideas, haría falta cierto tiempo para que se apaciguaran los ánimos belicosos. En esta argumentación asumía implícitamente haber fomentado la acción armada contra el régimen mili-

SALIENDO DEL HOTEL EL 27 DE JULIO DE 1972, LANUSSE DESAFIÓ A PERÓN: «PERO AQUÍ NO ME CORREN MÁS A MÍ, NI VOY A ADMITIR QUE CORRAN MÁS A NINGÚN ARGENTINO, DICIENDO QUE PERÓN NO VIENE PORQUE NO PUEDE. PERMITIRÉ QUE DIGAN: PORQUE NO QUIERE. PERO EN MI FUERO ÍNTIMO, DIRÉ: PORQUE NO LE DA EL CUERO PARA VENIR». EN LA FOTO, PERÓN SALE DEL HOTEL EN EZEIZA, A SU REGRESO EN NOVIEMBRE DE 1972.

EZEIZA. EL 20 DE JUNIO DE 1973 PERÓN RETORNÓ DEFINITIVAMENTE A LA ARGENTINA. DEBÍA LLEGAR AL AEROPUERTO DE EZEIZA. CERCA DE ALLÍ, UNA MULTITUD ESPERABA SU LLEGADA. AL ACERCARSE LAS COLUMNAS DE LOS MONTONEROS, LAS FAR Y LA JP AL PALCO, FUERON RECIBIDAS CON DISPAROS, EJECUTADOS POR GRUPOS DE LA DERECHA PERONISTA. AL MENOS 25 PERSONAS RESULTARON MUERTAS Y MÁS DE 400 FUERON HERIDAS. EL AVIÓN QUE TRAJO A PERÓN ATERRIZÓ EN LA BASE AÉREA DE MORÓN.

tar y consideraba que una vez finalizada la dictadura la violencia era injustificada. Cuando estableció diferencias entre el uso de medios violentos y la crítica pacífica del sector juvenil, vio en esta última una manifestación legítima de una lucha de la nueva generación por posiciones de poder. En este aspecto, lamentaba la ausencia de una generación intermedia para asegurar un cambio más ordenado. En otra trama explicativa, definía a los guerrilleros, ya sea peronistas o de otras filiaciones políticas, como agentes conscientes o "idiotas útiles" de intereses extranjeros. Pero más allá de todas las modalidades diferentes de encarar el tema, lo fundamental para Perón era que el Estado debía tener el monopolio de la violencia y en consecuencia resultaba inadmisible la existencia de organizaciones armadas. En ese sentido, el 20 de enero de 1974, en un mensaje dirigido al país, afirmó que era necesario "aniquilar cuanto antes a este terrorismo criminal". Dos días más tarde, respecto de los medios para combatir a los guerrilleros, propugnaba la sanción de una nueva legislación más eficaz que la entonces vigente. Y si bien creía que la represión debía ajustarse a la ley, no dejaba de amenazar: "Estamos afrontando una responsabilidad que nos ha dado plebiscitariamente el pueblo argentino. Vamos a proceder de acuerdo con la necesidad, cualquiera sean los medios. Si no hay ley, fuera de la ley, también lo vamos a hacer y lo vamos a hacer violentamente. Porque a la violencia no se le puede oponer otra cosa que la propia violencia. Eso es una cosa que la gente debe tener en claro."

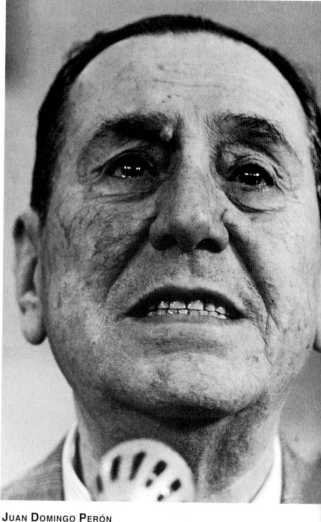

Juan Domingo Perón

«Cualquiera también puede conducir si conoce la teoría y la técnica de la conducción, pero si se quiere una obra maestra como las de Alejandro, Licurgo o Napoleón, será preciso buscar un artista que tenga tanto óleo sagrado de Samuel como el que ellos recibieron al nacer. En pocas palabras he pretendido dar mi concepto sobre la profesión militar en su aspecto fundamental: el Conductor. Quien aprende a conducir, puede hacerlo tanto con un ejército como con una nación. Su éxito estará en relación directa con la cantidad de óleo de Samuel que recibió al nacer, porque un conductor no se hace; nace, como sucede con casi todos los artistas. Yo no soy más que un político aficionado. En lo que soy un profesional es en la conducción, porque eso es lo que he estudiado toda mi vida.»
J. D. P.
(1970)

boom

ENTREVISTA EXCLUSIVA
PERON: ¿MORIR E

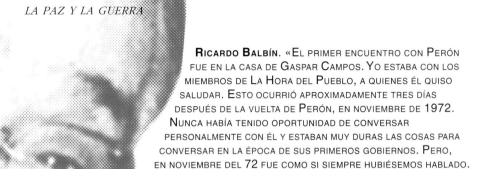

RICARDO BALBÍN. «EL PRIMER ENCUENTRO CON PERÓN FUE EN LA CASA DE GASPAR CAMPOS. YO ESTABA CON LOS MIEMBROS DE LA HORA DEL PUEBLO, A QUIENES ÉL QUISO SALUDAR. ESTO OCURRIÓ APROXIMADAMENTE TRES DÍAS DESPUÉS DE LA VUELTA DE PERÓN, EN NOVIEMBRE DE 1972. NUNCA HABÍA TENIDO OPORTUNIDAD DE CONVERSAR PERSONALMENTE CON ÉL Y ESTABAN MUY DURAS LAS COSAS PARA CONVERSAR EN LA ÉPOCA DE SUS PRIMEROS GOBIERNOS. PERO, EN NOVIEMBRE DEL 72 FUE COMO SI SIEMPRE HUBIÉSEMOS HABLADO. QUÉ COSA CURIOSA: FUE COMO DEJAR TODO LO DE AYER PARA EMPEZAR UN CAMINO NUEVO.» RICARDO BALBÍN (1974)

ALMUERZO EN OLIVOS CON DIRIGENTES POLÍTICOS. «DEBEMOS TENDER A QUE LOS ENFRENTAMIENTOS SE RESUELVAN CON UN CAMBIO DE GOBIERNO Y NO CON UN CAMBIO DE SISTEMA [...] DEFENDÁMONOS ENTRE NOSOTROS, COMENCEMOS POR ESO. FORMEMOS UNA COMUNIDAD POLÍTICA [...] EL DESEO DE NUESTRO GOBIERNO ES QUE TODOS SEAMOS HOMBRES DE GOBIERNO.» J. D. P. (1974)

El 1º de mayo de 1974, el conflicto con el sector radicalizado de la juventud peronista alcanzó el clímax. El 12 de octubre del año anterior Perón había dicho que en cada aniversario del Día del Trabajador se reuniría en la Plaza de Mayo con el pueblo para preguntarle si estaba conforme con el gobierno. El mecanismo auspiciado reposaba sobre dos supuestos: que el público allí reunido era el "pueblo" y que la plaza podía constituir un lugar de discusión o de democracia directa. El primero de esos supuestos era un elemento importante del imaginario peronista y de la construcción de un hipotético espacio de legitimación basado, por cierto, en una particular concepción de la representación popular. El segundo sólo podía funcionar sobre la base de aclamaciones, de distinto signo, pero extremadamente breves. Por otra parte, debido a la naturaleza del día, ese era un acto para el "pueblo" trabajador y cuando desde las filas de los jóvenes radicalizados se hicieron oír las primeras protestas contra el gobierno y la "burocracia sindical", se disolvieron los equívocos de la situación. Para Perón se trataba de un acto de homenaje al sindicalismo que había mantenido sus organizaciones en condiciones de adversidad "a través de veinte años, pese a estos estúpidos que gritan [...] y hoy resulta que algunos imbéciles pretenden tener más méritos que los que lucharon durante veinte años". Perón continuó su discurso bajo el impacto de la disolución de la falsa equiparación del "pueblo" con el público reunido en los actos de la Plaza de Mayo. Los jóvenes disidentes se habían retirado, al parecer convencidos de que se habían llevado a la mitad del "pueblo", en tanto que para Perón "pueblo" eran quienes se quedaban en la plaza, a diferencia "de estos infiltrados que trabajan adentro, y que traidoramente son más peligrosos que los que trabajan desde afuera, sin contar con que la mayoría de ellos son mercenarios al servicio del dinero extranjero".

Dos semanas después del Día del Trabajador, en una reunión con los organizadores gremiales del accidentado acto, Perón reflexionó sobre la historia de los sindicatos y los derechos sociales en Occidente. Para entonces, las reformas al Código Penal solicitadas al Congreso para ampliar los medios legales con que combatir la guerrilla ya habían sido aprobadas y el presidente expresó su satisfacción por contar con un nuevo marco legal: "La clase trabajadora ha perdido varios dirigentes, asesinados por estos señores. El haber reaccionado violentamente no hubiera sido una solución. Hay que dejar que la ley cumpla su cometido, aunque no se pueda realizar en el día. Este es un proceso que poco a poco la ley va a ir solucionando."

Las reflexiones de Perón sobre los problemas de la legalidad de la represión se inscribían en un contexto en el que la lucha entre facciones rivales del peronismo había dejado numerosas víctimas. En esos momentos, era notoria la existencia de grupos armados ligados a la extrema derecha peronista y a sectores del gobierno cuyo objetivo era realizar atentados contra enemigos a los que definían globalmente como "infiltrados marxistas" en sus filas. En 1974 Perón se refirió sólo de manera secundaria al terrorismo de extrema derecha y desestimó terminantemente la posible existencia de grupos parapoliciales.

> **CON LA DIRIGENCIA SINDICAL**
> «LA CONFEDERACIÓN GENERAL DEL TRABAJO ES UNA GARANTÍA PARA TODOS LOS TRABAJADORES PORQUE CONOZCO A LOS DIRIGENTES, NO DE AHORA, SINO DESDE 30 AÑOS [...] LA CGT PUEDE ESTAR SEGURA Y TRANQUILA CON LOS DIRIGENTES QUE TIENE, AUNQUE ALGUNOS TONTOS DIGAN QUE SON BURÓCRATAS.»
> J. D. P. (1974)

JOSÉ IGNACIO RUCCI. RUCCI, SECRETARIO GENERAL DE LA CGT DESDE 1970, FUE UNA PIEZA CLAVE EN LAS RELACIONES DE PERÓN CON EL SINDICALISMO. RUCCI, SEÑALA DANIEL JAMES, «ADOPTÓ UNA ACTITUD DE COMPLETA OBEDIENCIA A LAS TÁCTICAS DE PERÓN, SUBORDINANDO ABIERTAMENTE LA CGT A LAS NECESIDADES DE SUS NEGOCIACIONES CON EL RÉGIMEN Y CON LOS PARTIDOS». SU ASESINATO, DOS DÍAS DESPUÉS DEL TRIUNFO DE LA FÓRMULA PERÓN-PERÓN, MARCÓ UN PUNTO DE INFLEXIÓN EN LA RELACIÓN DE PERÓN CON LA IZQUIERDA PERONISTA.

MARIO FIRMENICH. EN AGOSTO DE 1973, MARIO FIRMENICH, JEFE DE LOS MONTONEROS, ANALIZÓ ANTE UN AUDITORIO FORMADO POR LOS CUADROS DE LA JP LAS COINCIDENCIAS Y LAS DIFERENCIAS CON PERÓN: «TENEMOS UNA CONTRADICCIÓN IDEOLÓGICA CON PERÓN, PERO TAMBIÉN TENEMOS UNA COINCIDENCIA ESTRATÉGICA». LA RESPUESTA DE PERÓN NO ADMITÍA EL DOBLE JUEGO. EN FEBRERO DE 1974 AFIRMÓ: «EL PROBLEMA QUE NOSOSTROS ESTAMOS INTERESADOS EN PLANTEAR EN PRIMER TÉRMINO, ES POLÍTICO-IDEOLÓGICO. EN LA JUVENTUD PERONISTA, EN ESTOS ÚLTIMOS TIEMPOS, ESPECIALMENTE, SE HAN PERFILADO ALGUNOS DESLIZAMIENTOS, CUYO ORIGEN CONOCEMOS, QUE PERMITEN APRECIAR QUE SE ESTÁ PRODUCIENDO EN EL MOVIMIENTO UNA INFILTRACIÓN QUE NO ES PRECISAMENTE LA JUSTICIALISTA».

CON LOS DIPUTADOS DE LA JUVENTUD «LA JUVENTUD, COMO TODOS LOS DEMÁS ARGENTINOS, TIENE DERECHO A PENSAR Y A SENTIR COMO LE PAREZCA. ESTE ES UN DERECHO INALIENABLE DEL HOMBRE DENTRO DE LA DEMOCRACIA, QUE ES LO QUE DEFENDEMOS. LO QUE NO PUEDE SER ES QUE NOS ESTEMOS TIRANDO LA SUERTE ENTRE GITANOS; DECIMOS QUE SOMOS UNA COSA Y A LO MEJOR SOMOS OTRA.» J.D.P (1974)

El 12 de junio por la mañana, Perón habló por radio y televisión. En su alocución trazó un balance de los riesgos y amenazas frente a los que se hallaba el país y planteó las eventuales consecuencias de un fracaso de su gobierno. Con una dureza que recordaba los discursos de su primera presidencia acusó a sectores empresarios por "especular con el desabastecimiento", a los "diarios oligarcas" por difundir falsas noticias, a quienes defendían las "estructuras de la dependencia montadas por los empleados de los poderes coloniales", a los sindicalistas que cuestionaban la política salarial, a los jóvenes radicalizados, a los altos funcionarios "corruptos" de su gobierno, a los dirigentes afectados por la "fiebre de la sucesión", a los profesores y autoridades de la Universidad cuya agitación debía explicarse por "fines extrauniversitarios", y a los críticos que acusaban a sus proyectos de "corporativistas". En ese panorama tan inquietante, pidió la colaboración de todos aquellos que lo habían llevado al gobierno y dejó abierta la posibilidad de abandonar su "lugar a quienes lo puedan llenar con mejores probabilidades". Luego de ese discurso, y frente a una concentración convocada por los sindicatos en Plaza de Mayo para brindarle la adhesión solicitada, volvió a alertar sobre los peligros pero a la vez vio en la movilización el apoyo para enfrentar la grave situación. Ese mismo día, de acuerdo con el relato de Enrique Pavón Pereyra (1986), Perón había conversado con Ricardo Balbín y le había dicho: "Mire, doctor, yo estoy luchando contra el tiempo, porque yo sé lo que me espera. Y si no nos apuramos a hacer la unidad nacional, nos van a joder de nuevo los militares". La idea de un golpe de las fuerzas armadas no había sido mencionada explícitamente en sus últimos discursos, pero era posible inferirla a partir de ellos.

Perón murió el 1º de julio de 1974. La desorganización interna del movimiento político por él creado sumó sus efectos

a la crisis económica, social e institucional del país. Ante su fallecimiento, el temor al futuro fue compartido por sus seguidores y por los partidos de la oposición; a muchos pareció invadirlos la sensación de estar en las vísperas de un diluvio y a todos les debió resultar difícil imaginar cómo sería la Argentina después de Perón.

LA ÚLTIMA PLAZA. EL 12 DE JUNIO DE 1974, PERÓN PRONUNCIÓ SU ÚLTIMO DISCURSO EN LA PLAZA DE MAYO: «LLEVARÉ GRABADO EN MI RETINA ESTE MARAVILLOSO ESPECTÁCULO, EN QUE EL PUEBLO TRABAJADOR DE LA CIUDAD Y DE LA PROVINCIA DE BUENOS AIRES ME TRAE EL MENSAJE QUE YO NECESITO.[...] PARA FINALIZAR, DESEO QUE DIOS DERRAME SOBRE USTEDES TODAS LAS VENTURAS Y LA FELICIDAD QUE MERECEN. LES AGRADEZCO PROFUNDAMENTE EL QUE SE HAYAN LLEGADO HASTA ESTA HISTÓRICA PLAZA DE MAYO. YO LLEVO EN MIS OÍDOS LA MÁS MARAVILLOSA MÚSICA QUE, PARA MÍ, ES LA PALABRA DEL PUEBLO ARGENTINO.»

LA PAZ Y LA GUERRA

La lucha política es lo mismo que la lucha militar, económica, etc. Las luchas son todas iguales. Varían los medios y las formas; pero la lucha es siempre la misma. Son dos voluntades contrapuestas. Las leyes que rigen la lucha son todas iguales y las masas que luchan son siempre iguales. Siempre se trata de una voluntad que vence a otra; una voluntad que ha puesto en movimiento a una masa contra otra masa.

Conducción política, 1954

Perón creía que la conducción era un saber y una destreza cuyos principios podían ser igualmente aplicables a la guerra, a la política y a la economía. La suya era, no obstante, una generalización excesiva. Si hubiese aprendido los principios de la conducción en una organización política o en una entidad económica, su visión de las estrategias no habría estado impregnada del lenguaje bélico y de las hipótesis de guerra propias de la práctica militar. Sus principios de conducción estaban marcados por la esfera institucional en la que los había aprendido y aplicado originariamente. En esa matriz de pensamiento beligerante, la armonía se asemejaba a una situación de equilibrio entre dos ejércitos, con el supuesto de una guerra que un día u otro debía llegar. Desde esa óptica, la paz es un período entre dos guerras; cabe, entonces, velar las armas y aprestar las fuerzas propias, pues del mismo modo actúa el enemigo. Un ejército no puede prepararse sin una hipótesis de conflicto; la moral de la tropa se mantiene recordándole la existencia del enemigo, destacando su poder, y cuando éste parece difuso cabe recrear en la memoria los propios momentos épicos y los pasados abusos de los adversarios. Esa lógica castrense se encuentra estrechamente asociada a un lenguaje de cuartel, en el que la dureza de los términos escogidos debe transmitir una voluntad de mando firme. Palabras para anunciar lo que se va a hacer y, con una calculada dosis de exageración, amenazar con sanciones terribles para cuando llegue el momento de hacer "tronar el escarmiento".

Esa lógica y ese lenguaje conformaban un sistema incorporado por Perón en su vida militar. A ella había entrado a los 15 años de edad. A las marcas propias dejadas por la institución sumó, por vocación, las provenientes de los estudios y de la docencia sobre los problemas de

PERÓN Y LÓPEZ REGA. LA INFLUENCIA DE LÓPEZ REGA CRECÍA A MEDIDA QUE SE DETERIORABA LA SALUD DE PERÓN. DESPUÉS DE LA MUERTE DEL PRESIDENTE, LÓPEZ REGA SE CONVIRTIÓ EN EL MÁS PODEROSO DE LOS MINISTROS Y EL MÁS ESCUCHADO DEL ENTORNO DE ISABEL PERÓN. ANTE LA PRESIÓN DE SINDICALISTAS Y MILITARES, RENUNCIÓ AL MINISTERIO EN JULIO DE 1975. DECÍA EN SU RENUNCIA: «MIS DETRACTORES Y LA ANTIPATRIA, SE ENCARGARÁN DE LLENAR NOVELESCAMENTE UN AMPLIO TOMO; PERO EL FINAL, SERÁ SOLO DE DIOS Y DEL PUEBLO MISMO, QUE PODRÁN CONTEMPLAR Y VIVIR EN LOS HECHOS MILES DE REALIDADES CONCRETADAS PARA BIEN DE LOS HUMILDES Y DE LOS TRABAJADORES».

LA MUERTE
«ESTE VIEJO ADVERSARIO DESPIDE A UN AMIGO Y AHORA, FRENTE A LOS COMPROMISOS QUE TIENEN QUE CONTRAERSE PARA EL FUTURO, PORQUE QUERÍA EL FUTURO, PORQUE VINO A MORIR PARA EL FUTURO, YO LE DIGO SEÑORA PRESIDENTA DE LA REPÚBLICA: LOS PARTIDOS POLÍTICOS ARGENTINOS ESTARÁN A SU LADO EN NOMBRE DE SU ESPOSO MUERTO, PARA SERVIR A LA PERMANENCIA DE LAS INSTITUCIONES ARGENTINAS.» RICARDO BALBÍN (1974)

estrategia militar. Cuando a los 50 años llegó a la presidencia, la equivalencia entre la "conducción del ejército" y la "conducción del pueblo" era mucho más que una simple figura retórica. En sentido estricto, puede decirse que en las grandes concentraciones de celebración de aniversarios o de movilización ante temas coyunturales Perón empleó términos más beligerantes, pues allí estaban sus soldados. En los recintos gubernamentales, con sus funcionarios, usó palabras más atemperadas. Pero en uno u otro ámbito mantuvo la misma lógica militar. Sin embargo, en su horizonte se encontró siempre el anuncio de una utopía pacifista: la "comunidad organizada". ¿Qué era? Así la definió en el acto de clausura del Primer Congreso Nacional de Filosofía, llevado a cabo en Mendoza en abril de 1949: "Esta comunidad que persigue fines espirituales y materiales, que tienden a superarse, que anhela ser más justa, más buena y más feliz, en la que el individuo puede realizarse y realizarla simultáneamente, dará al hombre futuro la bienvenida desde su alta torre con la noble convicción de Spinoza: 'Sentimos, experimentamos que somos eternos."

Ese objetivo, expresado para la circunstancia en clave filosófica, no difería del llamado a la unidad formulado, por ejemplo, en la improvisación de la dramática jornada del 17 de octubre de 1945.

En la lucha por el poder y en el ejercicio del gobierno, Perón pensó siempre en términos bélicos. Con ese estilo de pensamiento había agregado dificultades a su gestión del Estado, pero sin él muy probablemente nunca hubiese vuelto de la derrota y del exilio. Frente a la declinación de su influjo político, en los inicios de los años sesenta, debió preguntarse cómo hacer una nueva leva. La dictadura militar lo ayudó. Su persona, asociada al logro de una mayor igualdad social, se ligó entonces al combate por la libertad política. Sobre el fin de los años sesenta, una música que conocía bien comenzó a resonar: la de los tambores de guerra. El General se encontró con un improvisado ejército juvenil y una sociedad movilizada. Predicó la violencia para desestabilizar al enemigo. Se propuso a sí mismo como "prenda de paz" y recuperó el gobierno. Encaró la

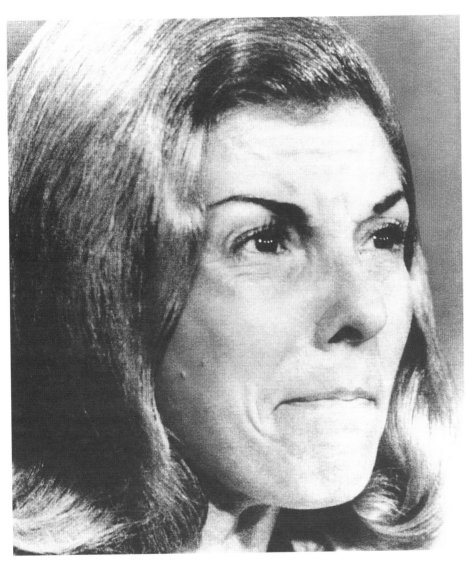

ISABEL PERÓN. A LAS **14.50** DEL **1** DE JULIO ISABEL PERÓN HABLÓ POR LA CADENA NACIONAL: «CON GRAN DOLOR DEBO TRANSMITIR AL PUEBLO EL FALLECI-MIENTO DE UN VERDADERO APÓSTOL DE LA PAZ Y LA NO VIOLENCIA». ASUMIÓ LUEGO LA PRESIDENCIA, DE LA QUE SERÍA DESPLAZADA EL **24** DE MARZO DE **1976**. POCAS HORAS MÁS TARDE, JOSÉ LÓPEZ REGA APARECIÓ EN RADIO Y TELEVISIÓN PARA AFIRMAR: «CON GRAN PESAR, DEBO CONFIRMAR AL PUEBLO ARGENTINO LA INFAUSTA NOTICIA DEL PASO A LA INMORTALIDAD DE NUESTRO LÍDER NACIONAL, EL GENERAL PERÓN».

reconstrucción del Estado, condición necesaria para volver a ser Perón, y quedó atrapado en el entretejido de sus crisis. Como un rey en el destierro él se había llevado consigo una parte de la legitimidad de las instituciones y quizá pensó que con su retorno se la devolvería. Muchos de sus antiguos adversarios le pidieron que se convirtiera en el jefe del partido del orden. Pero ¿cómo hacerlo casi sin Estado? Además, él hacía su aporte a la complicada situación por su propia historia y porque era portador de un saber estratégico que lo llevaba a otear permanentemente en el horizonte buscando enemigos. Los encontró a la derecha y a la izquierda, en el país y en el exterior. Intuyó que las fuerzas armadas no le perdonarían la afrenta del revés sufrido y se prepararían para recuperar el poder. Sus errores y sus aciertos, sus éxitos y sus fracasos estuvieron siempre asociados a su lógica militar. Hasta el último día, como dos sombras pegadas a un cuerpo, nunca se desprendió del deseo de unificar a todos, ni tampoco de su razonamiento bélico. ■

TRIBUNAL DE LA HISTORIA

PBT

ALEGRE, POLITICA, DEPORTIVA

AÑO III
1954

Si el que se va fué fecundo,
el Nuevo con más razón
será para todo el mundo
otro año de Perón.

$2.-

EN 1947, ENRIQUE EDUARDO GARCÍA FORMU-
LA UN ELOGIO DE PERÓN (PÁG. 76). HÉCTOR J.
CÁMPORA DESTACA EN 1973 LA VIGENCIA DEL
PERONISMO (PÁG. 78). JULIO IRAZUSTA DENUNCIA
EN 1956 LA CODICIA DE PERÓN (PÁG. 80). EL
IMPORTANTE DIRIGENTE CONSERVADOR EMILIO
HARDOY CRITICA LA CORRUPCIÓN DEL RÉGIMEN
PERONISTA (PÁG. 82).

EL PUEBLO Y EL CONDUCTOR

Enrique Eduardo García

"[A] La conquista social no se la discute: se la defiende", instruyó Perón. "Las masas trabajadoras argentinas con su extraordinario instinto han descubierto ya dónde se encuentra la verdad y dónde se esconde la insidia y la falacia. Esta es una revolución del pueblo y para el pueblo. Los que piensan lo contrario se equivocan."

El pueblo no se equivoca obedeciendo a su Conductor. No creía a los políticos desalojados y esa pérdida de optimismo le tenía inerme. Recobró la fe y la exteriorizó en explosión incontenible, en octubre de 1945; se revitalizó al temor que se le secuestrara a su apóstol, al libertador, como lo llamaban a Alem en su gira triunfal del 91 los pueblos sojuzgados; y ahora, ese pueblo, comprueba día a día, con actos que son como minutos en la hora, la lealtad del *hacer, no prometer.*

Uno de los intérpretes del peronismo, Alberto Graziano, lo confirma: "Paulatinamente la Secretaría de Trabajo y Previsión fue estableciendo contacto con la clase trabajadora, en la cual la desconfianza primera sustituyóse por la fe en una nueva época, al ver que la era de la justicia social enunciada por el coronel Perón no constituye una expresión demagógica, sino una hermosa realidad que pone sello de esperanza en las aspiraciones justas de los obreros argentinos".

Levantar la fe de las colectividades que cayeron

> Nosotros vemos en Perón a la humildad, a un hombre sencillo, a un hombre que no es vanidoso ni orgulloso, a un hombre que *siente alergia por los privilegios.* Entonces nosotros, que lo queremos a Perón, tratamos de acercarnos, tratamos de igualarnos a él, tratamos de sentirnos humildes, de no ser ambiciosos, de no sentir orgullo ni vanidad.
>
> **EVA PERÓN**
> HISTORIA DEL PERONISMO

> Comparan la huelga en favor de Perón con las movilizaciones populares de Hitler y Mussolini. Identificar el nacionalismo de un país semicolonial con el de un país imperialista es una verdadera "proeza" teórica que no merece siquiera ser tratada seriamente; señalemos sin embargo una diferencia: los fascistas utilizaban a las tropas de asalto, compuestas en su mayoría por estudiantes, en contra del movimiento obrero; Perón utilizó al movimiento obrero en contra de los estudiantes en franca rebeldía.
>
> **AURELIO NARVAJA**
> FRENTE OBRERO, OCTUBRE DE 1945

«-Y ESA BANDERA, ¿A QUÉ ESTADO REPRESENTA? - AL ESTADO DE SITIO.»

> Hoy el presidente de los argentinos ha satisfecho con un paso más este anhelo, al renovar la patria humanizando más y más sus empresas, infundiéndoles el espíritu de Dios, según las consignas de los Vicarios de Cristo en la tierra.
>
> **VIRGILIO FILIPPO**
> EL PLAN QUINQUENAL DE PERÓN Y LOS COMUNISTAS *(1948)*

en la incredulidad por el fraude en sus múltiples aspectos, fue empresa fácil porque la acción práctica, efectiva, destacaba la austeridad del líder que sin previos compromisos, sin combinaciones, la cumplía, libre de egoísmos. Y no se piense que se dirigiera a asambleas de miles de delegados preparándoles el ánimo para que le aplaudieran desafíos al régimen que había de reconstitucionalizarse; al contrario: muchas veces escucharon censuras y avisos enérgicos corrigiéndoles o conduciéndoles para que no incurrieran en errores o excesos. Pero, también es cierto que no encontraron sostén más resuelto, en favor de la causa obrera, que en el nuevo Maestro de ideología.

«-Bah! Esas comen y se van. Pero a esta langosta la tengo que aguantar todo el año.»

«Con Juan Pueblo y Juan Perón la Patria firme camina: forjan la nueva Argentina con un mismo corazón!»

Valientemente los incitó a la unidad proletaria, prescindiendo de banderías políticas, estimulándoles como individuos a que se superaran en homenaje a sentimientos y conceptos de solidaridad social. "Cada uno de ustedes –les dijo– debe sentirse indispensable, porque el más humilde de los hombres juega un rol importante, pues constituye la célula que ha de unirse a las demás para salvar a la Patria en los momentos en que se halla en peligro y para elaborar permanentemente su grandeza". Y con modestia de luchador, agrega: "si en esta tierra cada uno no se siente indispensable y útil, poco podremos hacer nosotros, aunque unamos al pueblo en todos los confines de la nación"; y luego: "cada uno de ustedes debe sentirse, en todo momento, un argentino que sumado a los demás, forme los catorce millones de criollos que dan alma y fuerza a la nacionalidad".

Unir es acorazar la causa; pero, si cada obrero aporta sus energías y convicciones en la organización y defensa de la causa, la unión asegura anticipadamente la victoria, aparte que la cubre y la embellece porque será la consecuencia de todos, no de un hombre.

Milagro, maravilla, prodigio, revela la campaña de justicia social; resurrección de almas descreídas; fortalecimiento de decepcionados. Al avanzar las multitudes, con nuevas esperanzas, se las descubre impulsadas por una obsesión mística: no vacilan, no du-

Con la presencia del general Juan Perón en el gobierno, el pueblo empieza, recién, a escuchar su propia voz, sus propias palabras, sus propias aspiraciones. Los vocablos tienen su exacto significado. La expresión de las ideas deja de ser un jeroglífico y se convierte en potencia rectora del pensamiento renovador que la anima, que le da vida, que penetra y se anida en todos los entendimientos, en todas las almas.

Carlos Abregú Virreira
El lenguaje popular de Perón, *s/f*

El Plan Quinquenal

«Ahora que nos hemos casado voy a hacerte una confesión, Isabelita: estoy enamorado de Archie Moore.»

darán ya, pues se hallan hondamente persuadidas de que las ha puesto en la verdad, en busca de soñadas reparaciones, ese militar que las acompaña como el más bueno y cristiano de los civiles.

"Otro postulado que la revolución ambiciona cumplir es el de la justicia social que manda dar al César lo que es del César y a Dios lo que es de Dios." ¡Sencillísima afirmación orientadora! "La justicia social no es ya una mera palabra de propaganda política, sino una realidad efectiva, en el trabajo nacional." Comprueban el fenómeno millones de argentinos que ya han recibido los beneficios de la peronización del Estado.

"Radiografía política del general Perón",
en Hechos e Ideas, agosto 1947.

EL PUEBLO
SIGUE DICIENDO PERÓN

Héctor José Cámpora

La intriga que comenzó al día siguiente del triunfo popular del 46, logró sus designios al cabo de nueve años y truncó una revolución incruenta que trajo la felicidad para nuestro pueblo y cimentó las bases de la grandeza nacional. Desde entonces se desandó el camino. El país, inerme, contempló la instauración de todas las formas posibles de burla a la voluntad popular: interdicciones, inhabilitaciones, anulación de elecciones, prepotencias y golpes de estado jalonaron ese negro camino reversivo que se quiso imponer, a trasmano de la historia.

Así, el 16 de junio de 1955 se inicia la etapa más despiadada de la historia argentina. La metralla cae sobre el pueblo que clama su rabia y su impotencia. Tres meses más tarde, se instaura la dictadura.

Comienza la sistemática destrucción de una comunidad organizada; el metódico reemplazo de la solidaridad por el odio, de la

El odio contra Perón, como persona, ha sido cultivado sin descanso y es de esperar que tome formas exacerbadas. Pero eso explica parte de la histeria que despierta y no las razones más amplias y profundas. Perón es el símbolo que congrega la resistencia al régimen, Perón en el país, o cerca del país, es un factor de desarrollo de la conciencia y de la combatividad revolucionaria de la masa. Perón considerado al margen de las masas que lo siguen, no sería motivo de alarma y hasta el odio que despierta en las fuerzas oligárquicas perdería las razones que lo mantienen vivo y beligerante.

John William Cooke

La lucha por la liberación nacional *(1973)*

Pero entre los hombres de junio había uno que, caliente de alma y frío de manos; así debe ser todo artífice verdadero; trabajaba la materia real del país con un conocimiento exacto de la misma; ¡y ay del artífice que no conoce su materia! Si nuestro líder acertó en su obra, el 17 de octubre de 1945 lo anunció definitivamente. Y se vio entonces que el país entero vivía una revolución auténtica y no un mero simulacro.

Leopoldo Marechal

Proyecciones culturales del momento argentino

«Asegura que es Papá Noel, pero, por las dudas, pídale la documentación...»

Perón acosado por el peronismo (1968)

abundancia por la miseria. Se borra la sonrisa y se crispan los puños.

Todos los sectores sociales padecen sus consecuencias. Se desmantela la industria, se estanca la ganadería, se corrompe el salario. La salud, la educación, la vivienda se tornan privilegios inalcanzables.

En nombre de la libertad son encarcelados miles de argentinos. Invocando la justicia se invierte la prueba y cualquier irresponsable puede acusar a un ciudadano honorable sin preocuparse por fundar sus cargos. Comisiones investigadoras ilegales actúan como tribunales especiales guiadas por rencores y mezquindades. Honras y bienes son sometidos a la arbitrariedad y al capricho.

En nombre de la democracia se disuelven el Partido Justicialista y la Fundación Eva Perón y se saquean sus bienes, que son del pueblo.

En nombre de la razón se prohíbe la palabra con un decreto sin precedentes en el mundo moderno. Decir Perón es un delito. Decir Evita merece castigo. Pero el pueblo sigue diciendo Perón. El pueblo sigue diciendo Evita.

Podrá la dictadura disolver la Confederación General Económica e intervenir la Confederación General del Trabajo. Podrá movilizar a los sindicatos que la integran. Podrá llenar las cárceles y los barcos, podrá gasear y apalear, torturar y fusilar, pero no conseguirá doblegar la decisión de un pueblo que quería la paz pero que empieza a prepararse para la guerra que le imponen.

Mensaje del presidente de la Nación Argentina al Congreso Nacional, 25 de mayo de 1973.

Perón es según su humana complexión un personaje complejo cuya psiquis más profunda se sumerge en una región insondable. No en balde su presencia -acompañado de Evita- en la política argentina acusa un alto grado novelesco. Precisamente en esto consiste su originalidad que lo separa tanto de quienes lo precedieron a lo largo de nuestra vida pública y lo aproxima, en cambio, a sus contemporáneos: por lo mismo que es distinto, diametralmente distinto, de sus antecesores, Perón resulta asequible a la masa de los compatriotas de su tiempo. La diferencia psicológica entre Perón y los políticos pretéritos equivale a la diferencia sociológica que establece distancias entre la vieja y actual Argentina. Cuando aparece Perón, en ese preciso instante, queda al desnudo el anacronismo del tipo de vida pública que permanecía sólo por hábitos adquiridos.

Marcelo Sánchez Sorondo

La Argentina por dentro (1987)

DE PRESIDENTE A TIRANO

Julio Irazusta

La mayor prueba de incapacidad la dio Perón al estrenarse en el gobierno. Había ganado una victoria electoral apenas objetable (por el despilfarro demagógico que la precedió), todos los poderes del Estado, la Presidencia de la República, todas las gobernaciones provinciales menos una, la mayoría de dos tercios en la Cámara de Diputados, la casi unanimidad en el Senado, etc., etc. Los recursos financieros de que el país disponía eran los más grandes que haya tenido en su historia; un saldo en dólares de 500 millones, otro en libras de 150 millones, y cuantiosos saldos de anteriores cosechas de cereales demandados a precio de oro por varios compradores extranjeros. Lo acompañaban las esperanzas de los burgueses y los proletarios, del clero y las fuerzas armadas, de la opinión renovadora ansiosa de una revolución nacional, y de la opinión conservadora resignada a su derrota y cansada de agitaciones.

En ese momento estelar, en que todas las condiciones para una administración incomparable estaban dadas, el favorito de la suerte no supo merecer la que el destino le ofreció. Al otro día de jurar como presidente constitucional, se transformó en tirano. En vez de gobernar para todos sus compatriotas, se constituyó en el jefe de una facción. Disponiendo de todos los precedentes necesarios para llevar a cabo la renovación que el país necesitaba, dentro del marco legal existente, se hizo dar por mayorías serviles poderes discrecionales, y sustituyó a la revolución nacional una revolución social. Encumbrado en los comienzos de su carrera política, por las fuerzas del orden, introdujo el desorden en la sociedad argentina.

Muchas tiranías conoce la historia. Y nuestra época no puede hacer melindres al estudiar las del pasado, porque los tiranos contemporáneos superaron a todos sus antecesores en arbitrariedad y barbarie. Pero

Un solo corazón

Siempre listos

lo que no se había visto nunca hasta el advenimiento de Perón, era que un hombre llegado al gobierno por las vías legales, y sin oposición capaz de presentarle obstáculos insalvables, procurase incurrir en la odiosidad de la tiranía sin que se lo exigiese ninguna necesidad apremiante. Entre todos los tiranos conocidos no hay uno que no apareciese como impuesto por las circunstancias, para resolver una crisis prolongada y sangrienta, y asumiese el papel por mero prurito autoritario. En esta fanfarronería de violencia consistió la poco envidiable originalidad de Perón.

La única explicación plausible de semejante absurdo estaba sin duda en lo que se adivinó enseguida, y los hechos comprobaron después de su caída. Su desenfrenada codicia no podía saciarse sino en el silencio de las leyes. La colosal empresa de expoliación que tenía en vista no se podía montar mientras hubiese libertad de discusión parlamentaria, periodística y política. Pero en este punto se manifiesta igualmente su notable falta de capacidad. Nos guste o no, la posesión del Estado comporta un privilegio tan grande, que es difícil no redunde en beneficio de sus representantes. La austeridad republi-

PERÓN. LA VUELTA AL PAGO

cana es un *desideratum* más que una cosa corriente en la vida política. Por otra parte, los países no son excesivamente severos con sus gobernantes por el mero hecho de que se enriquezcan en las posiciones públicas. Y nunca regatearon su indulgencia a los grandes conductores que a la vez de dar prosperidad a sus pueblos, se enriquecieron junto con éstos más allá de lo que les estaba permitido legalmente. Así, por ejemplo, jamás pensaron los franceses en

Acaba de morir Perón, cuya inmortalidad aseguraban algunos de sus adictos más devotos. Pero había algo de verdad en semejante idea, pues a ese hombre singular podían aplicarse las palabras de Bismarck: "Todo hombre es tan grande como la ola que ruge debajo de él". La ola de Perón no era el ejército prusiano sino la multitud innumerable que transmitirá su memoria al porvenir. Cabe decir de él, como de Yrigoyen, que fue "el más odiado y el más amado de su tiempo". Su tiempo comenzó en una madurez avanzada, a los cincuenta años. Cuando los coroneles se retiran o ascienden a generales para proyectar su retiro y concluir ordenadamente su vida, le tocó a Perón lanzarse a una aventura histórica, de una turbulencia e intensidad pocas veces conocida.

JORGE ABELARDO RAMOS
ADIÓS AL CORONEL *(1983)*

Ciertamente que ni Juan Perón ni ninguno otro de sus cómplices en la logia fascista había pensado jamás, antes de 1944, en los problemas y aspiraciones de la masa trabajadora, *y no existe la más mínima manifestación escrita (o de otro carácter) de que alguno de ellos hubiera tenido preocupación por las cuestiones sociales o políticas.* Para el GOU y especialmente para su jefe, el coronel Perón, el pueblo argentino y en particular la masa obrera eran y son entes inferiores, dignos de tenerse en consideración sólo en la medida que puedan servir como dóciles instrumentos para secundar sus planes de dominación.

WALTER BEVERAGGI ALLENDE
EL PARTIDO LABORISTA, EL FRACASO DE PERÓN Y EL PROBLEMA ARGENTINO *(1956)*

**«ENTRE VIVOS ANDA EL JUEGO»,
DE ALBERTO VACCAREZZA**

Ahora es fácil la crítica a Perón referente a que no armó a los sindicatos. Olvidan que un político, por más poder que concentre, no puede ir más allá de los límites fijados por el equilibrio de fuerzas que lo condicionan. Todo grande hombre ha tenido conciencia de su relativo poder frente a circunstancias objetivas que determinan, en favor o en contra, su voluntad política.

JUAN JOSÉ
HERNÁNDEZ ARREGUI
PERONISMO Y SOCIALISMO
(1973)

¿Y SI VUELVO?

EL PERONISMO SERÁ REVOLUCIONARIO
O NO SERÁ

objetarle a Richelieu la fortuna de cien millones de francos que amasó en su sangrienta dictadura, en consideración a que ésta había colocado a Francia en el primer lugar de las naciones europeas.

Lo más censurable en Perón no es su codicia, sino que en vez de satisfacerla de modo coincidente con el interés general, la saciase a expensas del país, convirtiendo la bancarrota nacional en la fuente de su riqueza personal.

PERÓN Y LA CRISIS ARGENTINA, *1956*

EL LEGADO
DEL ARAUCANO

**Emilio
J. Hardoy**

La conducta de Perón como gobernante, su deslealtad para los que en él creyeron, su cobarde y vergonzosa deserción frente al adversario, abandonando al gobierno y a sus colaboradores (y no digo a sus amigos, porque jamás abrigó sentimientos de amistad para nadie), me habilitan para la actitud que asumo. No tengo por qué guardar consideraciones para quien no las tuvo con nadie, ni aun con el país, de cuyos destinos dispuso a su antojo.

DECLARACIONES DEL EX
VICEPRESIDENTE TEISAIRE
4 DE OCTUBRE DE 1955

Es verdad que Perón incorpora los trabajadores a la política activa y les abre el camino al poder, pero por ello tuvieron que pagar un alto precio de corrupción y degradación, el más alto e infame precio político de nuestra historia desde la tiranía de Juan Manuel de Rosas. La caída de Perón, a pesar de que el régimen totalitario había acumulado todo el poder del Estado para sustentarlo, tiene su explicación en el hecho de que cuando llega la hora de la prueba, nadie está dispuesto a morir por Perón, en tanto que el puñado de revolucionarios está dispuesto a morir por la Patria.

En Rosas prevalece la herencia moral del conquistador español implacable con moros y herejes, duro y cruel con sus siervos, pero también consigo mismo. En cambio, en Perón prevalece el legado del araucano, duro y cruel solamente con los demás, falso y flojo, codicioso y audaz cuando lo favorece una increíble conjunción de circunstancias propicias: el coronel Mercante y Cipriano Reyes lo salvan el 17 de octubre pues entonces intenta abandonar la partida. En la crisis de 1955 encomienda la defensa del régimen a otros generales y huye sin dar la cara ni a sus amigos ni a sus enemigos. Insisto que en el "hombre" Rosas está presente el conquistador español; en el "hombre" Perón aparece el araucano cuya sangre recibió de su madre mestiza Juana Sosa, a cuyo entierro no concurrió para probar una lancha en una lago de Palermo.

***

A la corrupción y el favoritismo que inficionó la administración peronista, hay que agregar la complejidad y vastedad del sistema de gobierno creado por Perón, a lo que se suma la ineptitud de sus conductores. El sistema reunía los inconvenientes del despotismo y de la demagogia, agravados por el desconocimiento del arte de gobernar por Perón y sus colaboradores.

Los conservadores entre 1930 y 1943 se vieron obligados por la crisis a hacer participar al Estado en el comercio de carnes y granos, a intervenir en el mercado y a manejar los cambios y la moneda, pero lo hicieron en la medida de lo indispensable, con eficiencia y honestidad. Cuando fueron expulsados del poder dejaron sólo dos grandes empresas de servicios públicos que fueron Obras Sanitarias de la Nación e YPF, aparte naturalmente del Correo, que es una creación de la constitución nacional. Hubo en

> Era egocéntrico y totalitario, como buen militar formado en la escuela prusiana y en la emulación de Benito Mussolini. No era un intelectual. Sabía relativamente poco. Decía que en su juventud había estudiado y escrito sobre historia, pero no demostraba profundidad en sus ideas. Era astuto y audaz. Inventaba pretextos dilatorios y excusas. Simulaba con una facilidad evidentemente heredada de sus antepasados. El discurso que Lucio V. Mansilla pone en boca del cacique Mariano Rosas en el capítulo LIII de *Una excursión a los indios ranqueles* parece escrito por Perón.
>
> **BONIFACIO DEL CARRIL**
> MEMORIAS DISPERSAS. EL CORONEL PERÓN (*1984*)

> Pero volvió, y aceptó su postulación como candidato a la Presidencia. Más difícil de entender es para mí que haya aceptado o admitido que fuera su esposa quien, en caso de su inhabilitación por enfermedad o muerte, fuese su reemplazante en la conducción política de la Nación. No dispongo de los elementos de juicio indispensables para apreciar el por qué de esta decisión o consentimiento suyo. [...] No debo ni quiero abrir juicios carentes de fundamentos ciertos y que podrían también ser consecuencia de subjetividades o prejuicios. Creo por el contrario, que debo dejar esclarecido que admito como posible que en las postrimerías de su vida, Juan Domingo Perón, consciente de los estragos de su enfermedad, como así también de la responsabilidad indelegable que le imponía la vigencia de su carisma, haya resuelto "jugar" sus últimas cartas aun al precio de acortar su existencia.
>
> **ALEJANDRO A. LANUSSE**
> PROTAGONISTA Y TESTIGO (*1988*)

NO DEJAR SOLA A ISABEL. AHORA, CADA PERONISTA ES PERÓN

aquel tiempo otras empresas estatales, pero fueron pocas y muy pequeñas. El presidente Castillo debió decidir la compra de barcos para que pudieran transportarse durante la Segunda Guerra Mundial, bajo una bandera neutral, los productos nacionales al exterior.

En cambio, la reforma del Estado y la regulación de la economía por Perón asumieron proporciones de catástrofe y contribuyeron a agravar la corrupción. Para corroborar la distancia que va de la teoría a la práctica, baste recordar que el IAPI y la intervención estatal en el comercio internacional, impuesta con el pretexto de proteger a los productores y custodiar el interés general, ocasionó pérdidas enormes que debió solventar el Estado y enriqueció ilícitamente a exportadores e importadores.

* * *

Una avasallante popularidad y resonantes triunfos electorales sustentaron a Perón, no obstante los fracasos y decepciones que acumuló su gobierno. Nunca los "descamisados" le retiraron su apoyo pues se entregaron a él de una vez y para siempre. Hubo un pacto directo de Perón con ellos por encima de las jerarquías partidarias y gremiales, y ese pacto no escrito pero siempre vigente, obligaba a Perón al reparto de las llamadas "conquistas sociales" concedidas mediante el despojo al

EL GENERAL MENÉNDEZ

> Perón aprovechó no sólo el estado de descomposición política y económica que agravó la segunda presidencia de Yrigoyen y que sublimó al grado de corrupción perfectamente disimulada bajo una costra de legalidad jurídica, militar, religiosa y administrativa, la revolución de 1930, sino que acaudilló un sofocado espíritu de revancha contra Mitre, Sarmiento y Roca por la legislación progresista y liberal que coartaba las ínfulas de la Iglesia aunque no de la milicia. Acaudilló sin gran esfuerzo las diseminadas turbas de la anarquía de 1820 hablando a las hordas irredentas el lenguaje de una demagogia de tipo europeo sabiamente ajustado a las necesidades de un pueblo cebado y envilecido.
>
> *EZEQUIEL*
> *MARTÍNEZ ESTRADA*
> ¿QUÉ ES ESTO? CATILINARIA
> *(1956)*

«YO VOTÉ A PERÓN Y A FRONDIZI. ¿TODAVÍA NO ESCARMIENTAN?»

> Perón fue un admirador de los grandes conductores: Alejandro, Napoleón, para citar a los más recordados por él; quiso imitarlos. Nadie olvidará que se complacía en repetir aquello de que cada soldado lleva en su mochila el bastón de mariscal. Estudió que Napoleón había necesitado crear una nueva aristocracia, una nueva oligarquía en Francia y lo había hecho. Pero parece que lo que no adivinó, fue que Napoleón la había fundamentado en dos asuntos complementarios e inseparables: el valor y el honor. Por eso dijo lo de la mochila y lo del bastón del mariscal. En cambio Perón quiso o permitió que se creara una nueva aristocracia, una nueva oligarquía que no figuraban en los ideales de 1945 o que debían ser –en todo caso– una consecuencia de ellos, que eran y son honrados.
>
> *CONTRAALMIRANTE (R) GUILLERMO D. PLATER*
> UNA GRAN LECCIÓN *(1956)*

ENERO DE 1946

CRISTIANISMO Y REVOLUCIÓN, ABRIL DE **1971**

patrimonio de la Nación, el gasto de las reservas en oro y divisas, y la fabricación de moneda espuria. También, desde luego, recurriendo a los fondos de las cajas de jubilaciones y al endeudamiento interno y externo. En una palabra, así hipotecó el país.

* * *

Los feriados otorgados con motivo de celebraciones partidarias por ser "San Perón", las vacaciones pagas y el aguinaldo obligatorio, la prohibición de los despidos laborales, la indisciplina y la holgazanería en las fábricas impulsadas desde los balcones de la Casa de Gobierno, contribuyeron con desoladora eficacia al creciente y generalizado desorden social. Los denuestos y acusaciones contra los opositores al régimen y la persecución a la prensa independiente sumáronse para empeorar la situación. Las nacionalizaciones de servicios públicos y la repatriación de la deuda externa, invocadas como grandes éxitos del gobierno, fueron tremendos errores que nos aislaron comercialmente y nos privaron de los capitales que estaban invertidos en el país. La industria, cada vez más atrasada y menos competitiva, y el IAPI instituido para la promoción del intercambio, monopolizaron la exportación y la importación, fueron una fuente de corrupción y de pérdidas tremendas e irrecuperables.

NO HE VIVIDO EN VANO, *1993*

Perón ha representado en la Argentina un fenómeno *religioso*; en otras palabras, creo que expresó la religiosidad que se permite un país que es indiferente a la religión, o, de otro modo, podemos decir que la apatía, que muchos argentinos manifiestan con respecto de la religión, fue la que indirectamente alimentó la fe multitudinaria y entusiasta que se cerró en torno a la figura de Perón. Es decir, fue una especie de sustituto. Por otra parte esto es lo que hizo de Perón no sólo el líder de un movimiento político sino el abanderado de una cruzada, un hacedor de milagros, un profeta de una religión vernácula, un ser sobrenatural...Eso es lo que por supuesto hizo que los adversarios de Perón la pasaran muy mal, porque los adversarios de Perón fueron *solamente políticos*.

VÍCTOR MASSUH

REPORTAJE *(1976)*

«APOYE AL LÍDER, VOTANDO LOS CANDIDATOS PERONISTAS.»

EL HOMBRE EN SUS TEXTOS

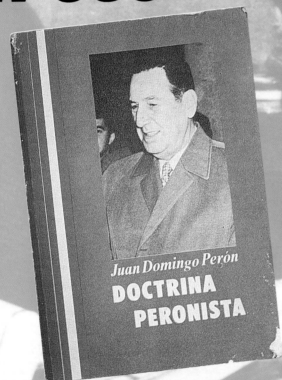

Juan Domingo Perón
DOCTRINA
PERONISTA

SOLDADO, PATRIOTA
Y TRABAJADOR

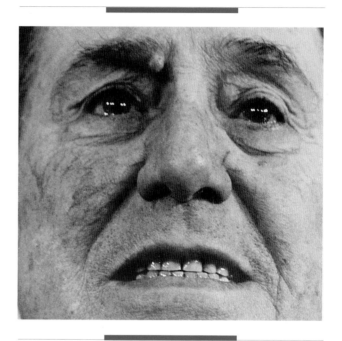

*Trabajadores: Hace casi dos años, desde estos mismos balcones, dije que te-
nía tres honras en mi vida: la de ser soldado, la de ser un patriota y la de ser
el primer trabajador argentino. Hoy, a la tarde, el Poder Ejecutivo ha firmado mi solicitud de retiro del servicio activo del ejército. Con ello he renunciado voluntariamente, al más insigne honor a que puede aspirar un soldado:
llevar las palmas y laureles de general de la nación. Ello lo he hecho porque
quiero seguir siendo el Coronel Perón, y ponerme con este nombre al servicio
integral del auténtico pueblo argentino. Dejo el honroso uniforme que me
entregó la patria, para vestir la casaca del civil y mezclarme con esa masa
sufriente y sudorosa que elabora el trabajo y la grandeza de la patria. Por eso
doy mi abrazo final a esa.institución que es un puntal de la patria: el ejército. Y doy también el primer abrazo a esta masa, grandiosa, que representa la
síntesis de un sentimiento que había muerto en la República: la verdadera
civilidad del pueblo argentino. Esto es pueblo. Esto es el pueblo sufriente, que
representa el dolor de la tierra madre, que hemos de reivindicar. Es el pueblo
de la patria. Es el mismo pueblo que en esta histórica plaza pidió frente al
Congreso que se respetara su voluntad y su derecho. Es el mismo pueblo, que
ha de ser inmortal, porque no habrá perfidia ni maldad humana que pueda
estremecer este pueblo grandioso en sentimiento y en número. Esta verdade-*

ra fiesta de la democracia, representada por un pueblo que marcha ahora también para pedir a sus funcionarios que cumplan con su deber para llegar al derecho del verdadero pueblo. *Muchas veces he asistido a reuniones de trabajadores. Siempre he sentido una enorme satisfacción; pero desde hoy sentiré un verdadero orgullo de argentino porque interpreto este movimiento colectivo como el renacimiento de una conciencia de los trabajadores, que es lo único que puede hacer grande e inmortal a la patria.*

Hace dos años pedí confianza. Muchas veces me dijeron que ese pueblo a quien yo sacrificara mis horas de día y de noche, había de traicionarme. Que sepan hoy los indignos farsantes que este pueblo no engaña a quien lo ayuda. Por eso, señores, quiero en esta oportunidad, como simple ciudadano, mezclarme en esta masa sudorosa, estrecharla profundamente con mi corazón, como lo podría hacer con mi madre. [Se refirió luego a la unión general y agregó:] Que sea esa unidad indestructible e infinita, para que nuestro pueblo no solamente posea esa unidad, sino que también sepa dignamente defenderla. [Como se alzaran voces de la multitud, preguntándole dónde estuvo, añadió:] Preguntan ustedes dónde estuve. Estuve realizando un sacrificio que lo haría mil veces por ustedes. No quiero terminar sin lanzar mi recuerdo cariñoso y fraternal a nuestros hermanos del interior, que se mueven y palpitan al unísono con nuestros corazones desde todas las extensiones de la patria.

Y ahora llega la hora, como siempre, para vuestro secretario de trabajo y previsión que fue y que seguirá luchando al lado vuestro por ver coronada esa era que es la ambición de mi vida: que todos los trabajadores sean un poquito más felices.

Ante tanta nueva insistencia les pido que no me pregunten ni me recuerden lo que hoy yo ya he olvidado. Porque los hombres que no son capaces de olvidar no merecen ser queridos y respetados por sus semejantes. Y yo aspiro a ser querido por ustedes y no quiero empañar este acto con ningún mal recuerdo. Dije que había llegado la hora del consejo, y recuerden, trabajadores, únanse y sean más hermanos que nunca. Sobre la hermandad de los que trabajan ha de levantarse nuestra hermosa patria, en la unidad de todos los argentinos. Iremos diariamente incorporando a esta hermosa masa en movimiento cada uno de los tristes o descontentos, para que, mezclados a nosotros, tengan el mismo aspecto de masa hermosa y patriota que son ustedes.

Pido también a todos los trabajadores amigos que reciban con cariño este mi inmenso agradecimiento por las preocupaciones que todos han tenido por este humilde hombre que hoy les habla. Por eso hace poco les dije que los abrazaba como abrazaría a mi madre, porque ustedes han tenido los mismos dolores y los mismos pensamientos que mi pobre vieja habrá sentido en estos días. Esperemos que los días que vengan sean de paz y construcción para la nación. Sé que se habían anunciado movimientos obreros; ya ahora, en este momento, no existe ninguna causa para ello. Por eso les pido como un hermano mayor que retornen tranquilos a su trabajo, y piensen. Hoy les pido que retornen tranquilos a sus casas, y por esta única vez ya que no se los pude decir como secretario de Trabajo y Previsión, les pido que realicen el día de paro festejando la gloria de esta reunión de hombres que vienen del trabajo, que son la esperanza más cara de la patria.

Y he dejado deliberadamente para lo último el recomendarles que antes de abandonar esta magnífica asamblea lo hagan con mucho cuidado. Recuerden que entre todos hay numerosas mujeres obreras, que han de ser protegidas aquí y en la vida por los mismos obreros.

Pido a todos que nos quedemos por lo menos quince minutos más reunidos, porque quiero estar desde este sitio contemplando este espectáculo que me saca de la tristeza que he vivido en estos días.

DISCURSO DEL *17* DE OCTUBRE DE *1945*

LA ACCIÓN
DE LOS OPOSITORES

Aunque mis detractores encuentren en mi propósito de hablar frecuentemente a la opinión pública, un motivo para la crítica y el ataque, no pienso desistir de ese modo de actuación, porque entiendo que un gobernante democrático, que debe su ascensión al poder a los votos de su pueblo, tiene el deber de mantenerse en comunicación constante con él, haciéndole partícipe de sus inquietudes e informándole de sus puntos de vista en cuanto atañe a la situación del país y a los planes gubernativos que piensa desarrollar.

Esta norma de conducta, siempre plausible por sus propósitos y pienso que encomiable por cuanto me aleja de la cómoda postura de una dorada inactividad o semi inactividad para mantenerme constante y públicamente en posición de lucha afrontando ante la opinión mis responsabilidades, es en estos momentos tan indispensable que considero faltaría a elementales deberes si no me dirigiese a todos los argentinos para atajar la campaña difamatoria que por móviles políticos mal entendidos, se está desarrollando, a base de mentiras, y de la que no sería yo la víctima, cual pretenden quienes la inspiran y quienes la secundan, sino la totalidad de la nación, cuyos supremos intereses defiendo y pongo por encima de todo otro género de consideraciones.

¿En qué consiste esa campaña? Sencillamente en deformar la realidad de los hechos para presentar dentro y fuera del país un panorama diseñado con negras tintas. No me preocupa, o mejor dicho, no debe preocupar-

nos –puesto que me considero intérprete de los sentimientos de la gran mayoría del país– el reprobable intento, porque no ha de lograr su finalidad ni en el interior ni en el exterior, donde nuestro crédito internacional y nuestro peso de Estado libre e independiente, se hacen sentir como nunca se sintieron.

* * *

La campaña de descrédito a que he aludido, se asienta en el falseamiento de los hechos políticos y de los hechos económicos. Hoy hablaré de los aspectos generales de la campaña y de los métodos que se emplean para desarrollarla; métodos, en verdad, poderosos, porque para aplicarlos se han coaligado la vieja política, la prensa netamente capitalista, un sector considerable del capitalismo que torpemente ve en los avances sociales un peligro para sus intereses, los enemigos que en el exterior mantienen ideales extremistas de izquierda o de derecha, y los enemigos que en el interior sirven tales doctrinas foráneas, incompatibles con nuestra tradición y con el sentido de nuestra constitución.

Examinemos en primer término la actitud de algunos periódicos que secundan manifestaciones impulsadas por políticos apasionados y desorbitados. Pretenden presentar la situación de la Argentina como la de un Estado enemigo de la libertad y de la democracia; imputación fácil de hacer que se puede lanzar impunemente contra todos aquellos que no participan de las ideas del imputador. Posiblemente no habrá en el mundo ni un solo gobernante –ni el mismo presidente Truman– que no se haya oído tachar de totalitario por el solo hecho de combatir el comunismo, lo que lleva a la paradoja de que se califique de totalitarismo a quienes impugnan un sistema tan netamente totalitario como pudo serlo el fascismo o el nazismo.

Para conseguir el efecto buscado, el primer eslabón consiste en afirmar que en la Argentina no existe libertad de prensa ni libertad de pensamiento. Pero tal afirmación está desprovista de fundamento. No hay censura para los libros, ni para los espectáculos ni para la prensa. La simple lectura de los periódicos lo acredita plenamente. Las agencias y los diarios que se denominan a sí mismos serios, adoptan aires de gran señor para lanzar la insidia, la mentira y los más burdos sofismas. La prensa menor, ciertos semanarios, no se preocupan del estilo y no emplean otra cosa que la procacidad, la vulgaridad, el insulto, el desacato y la calumnia. No hay para qué decir que aquéllos hacen más daño que éstos, porque la literatura de libelo lleva en su naturaleza los gérmenes del propio descrédito y, a la larga, produce náuseas hasta a los mismos que en principio la alentaron como válvula de escape a la amargura producida por una tremenda derrota electoral.

Sin embargo, quiero recordar que el gobierno se ha mantenido sereno frente a los ataques y ha dejado que todo el mundo diga lo que quiera, lo *mismo si lo hacía en forma correcta que si se metía plenamente en el campo del delito. En cuanto a la crítica serena, pienso mantener igual actitud; pero no estoy muy seguro de haber procedido bien al actuar con excesiva indiferencia frente a las expresiones de tipo delictuoso, porque ellas han servido para crear un clima mefítico y cloacal que yo, personalmente, puedo despreciar, pero como gobernante he de impedir en el momento mismo de advertir que la lenidad afecta al prestigio del poder público y en el extranjero se esgrime como elemento de ataque a la Argentina.*

Los hombres de la oposición –y al referirme a ellos quiero dejar a salvo todos los respetos, y aun toda la gratitud que debo a quienes nos combaten con altura de miras y con expresión elevada– están demostrando sólo una cosa: que son malos perdedores. Anunciaron por doquier mi derrota electoral, se coaligaron en una mal llamada Unión Democrática que llevaba dentro la inevitable descomposición por la incompatibilidad de sus elementos y por la corrupción de sus ingredientes, y sin embargo fueron ellos los derrotados. Y como habían puesto su jactancia al mismo nivel que su vanidad, ahora que han perdido y desde el momento mismo en que perdieron, vale decir, cuando todavía ignoraban cuál iba a ser la acción del gobierno, se lanzaron a la innoble actitud del ataque por la calumnia y de la difamación como arma única de combate. Para ello no han vacilado algunos en situarse en tierra extranjera para despotricar contra el gobierno de su país. La tribuna pública y las bancas parlamentarias, son utilizadas no para hacer una crítica y una oposición serenas y constructivas, fundamento de toda democracia, sino para buscar el desprestigio de otros hombres.

* * *

Esa oposición finge defender la democracia cuando en realidad la está minando en sus cimientos. Y si de esto precisase alguna prueba, se encontraría en el hecho de la actitud que adopta en relación con las fuerzas armadas de la nación, de una parte quieren implicarlas –faltando a elementales conceptos democráticos y constitucionales– en las responsabilidades del gobierno; y de otra no desperdician ocasión de halagarlas para ver ¡vano intento! si las ponen frente a los actuales titulares del Poder Ejecutivo. Para sacarse la espina de la derrota electoral, para satisfacer sus instintos vengativos, buscan ansiosamente la manera de echarse en los brazos del primer general que estuviese dispuesto a recibirlo –si es que hubiese alguno– para provocar una sublevación que acabase con mi gobierno constitucional para implantar una dictadura a su medida, aunque ella tuviera que ser made in... cualquier nación extranjera.

Como la campaña difamatoria no da los resultados apetecidos, la oposición ha entrado en la etapa de los pronósticos truculentos, y es ella la que me ha movido a pronunciar estas palabras. Echando mano de la "caja de los truenos", no ha faltado político de tierra adentro capaz de afirmar "que se ausentaba del país porque iban a producirse cosas muy graves". Ni hemos carecido tampoco de malicioso agorero que atribuyéndose la condición, no sé si de Júpiter tonante o de Vulcano regulador de las erupciones ígneas, ha anunciado que la suerte de este gobierno estaba ya sellada y que asistíamos a los últimos días de Pompeya. Por suerte, Pompeya es el gobierno. Y digo por suerte, ya que Pompeya, sepultada en lava y no en malas pasiones, ha dejado, al cabo de los siglos, el recuerdo de una civilización magnífica y de un arte exquisito. Nosotros, en cambio, tuvimos la dicha de asistir a los últimos días de una Sodoma política, castigada por el fuego celestial a causa de su depravación.

Claro es que en los errores de la oposición existen matices. Y así, en la escala de la violencia y de la difamación, ocupan el más alto lugar quienes más profunda sufrieron la derrota...Pero ¿qué culpa tenemos nosotros de que el partido socialista sintiese en carne propia el desdén electoral de las masas trabajadoras, a las que, por otra parte, siempre despreciaron y a las que traicionaron en momentos decisivos, para aliarse con el capitalismo dominante y servirle disimuladamente? Y conste que no me estoy refiriendo al contubernio de última hora, sino a su trayectoria de creciente aburguesamiento. No se hagan ilusiones. De su fracaso o, para mejor decir, de las razones de su fracaso, no se van a salvar por mucho que multipliquen sus falsedades, sus injurias, sus expresiones de bajos fondos. Cada vez se entierran más, porque los elementos obreros que se dejasen seducir por su campaña, no irían a engrosar o, más exactamente, a nutrir sus filas, sino las de otro partido con el que está en pugna el socialismo internacional.

Ese partido, hipotético beneficiario de la campaña contra el gobierno, el partido comunista, ha adoptado una táctica más hábil, aunque bien conocida, que es la infiltración en los medios obreristas. Actúa de lobo con piel de cordero. Dice apoyar muchos actos del Poder Ejecutivo, pero marca directivas para el saboteo de la labor social; fomenta las huelgas para adjudicarse el éxito de su solución; grita cuando lo considera oportuno ¡viva Perón! y no obstante trata de mezclarse con las clases populares para anarquizarlas y ver si las desvía de la ruta que han emprendido; dice haber roto con la Unión Democrática, pero al igual que ella lucha contra la justicia social del gobierno y contra la independencia económica del país; fomenta en el campo y en las fábricas la merma de la producción, la carrera de los salarios, las peticiones de declaración de insalubridad en el trabajo; y todo ello con el propósito de que llegue un momento en que el gobierno tenga que oponerse a los excesos y poder aprovechar la oportunidad de enfrentarle con los trabajadores; y actúa por órdenes del exterior en un sabotaje organizado.

Pero no son únicamente los comunistas quienes sabotean la economía del país y el normal desenvolvimiento de sus instituciones. Junto a ellos hay que señalar y condenar a los partidos que a pretexto de apoyar la obra *del gobierno, actúan por su sola cuenta y adoptan procedimientos totalitarios incompatibles con la constitución argentina y con la vida de unas instituciones cuyo título se encuentra en el sufragio popular. Y también han de entrar en la condenación aquellos industriales y comerciantes que con un mal entendido criterio sobre su conveniencia particular, anteponen ésta a los supremos intereses de la nación. Entre ellos, y entre quienes todo lo encuentran apto para sus desmedidos negocios, se encuentran los agiotistas y los especuladores, los acaparadores y los creadores de bolsas negras. Tengan sin embargo cuidado porque el juego puede convertírseles en peligroso, primero por la enérgica acción del Poder Ejecutivo, decidido a impedirlo; y segundo porque si el Poder Ejecutivo fracasase en su intento podría ser el pueblo quien les ajustase las cuentas.*

Conferencia difundida por la Red Argentina de Radiodifusión
el 21 de agosto de 1947

LA REVOLUCIÓN GORILA

Desde el comienzo de su actuación, la consigna gorila fue culpar al peronismo de todos los males de la República Argentina, como una justificación de una rebelión injustificable, y para ello falsificaron y fraguaron la información oficial, emplearon todos los medios publicitarios a su alcance y utilizaron sin medida toda clase de "escritores" mercenarios e irresponsables. Es que todo resulta difícil cuando el arma que ha de esgrimirse es la falsedad y no la verdad sincera y clara.

Si simplemente se tratara de decir la verdad, no habría la necesidad de darle tantas vueltas al asunto: bastaría con fijar cuál era la situación economicosocial del país el 16 de septiembre (cuando cayó el peronismo) y cuál es la actual (después de ocho años de gorilismo). Lo que es evidente cuando hablamos de buena fe, se vuelve incomprensible al intervenir la mala intención y el engaño. Por eso, para imaginar lo que está pasando en la Argentina actual, es preciso conjugar la incomprensión propia de la ignorancia con la soberbia del reaccionarismo contumaz y la falsedad de los que sirven, por su cuenta o por la ajena, a intereses inconfesables.

Cuando, en nombre de la democracia, llamaron a elecciones el 18 de marzo de 1962 y les resultó el triunfo arrollador del peronismo, se vieron obligados a anularlas y, en nombre de la democracia, encarcelaron al presidente constitucional para crear un gobierno títere en violación abierta de la constitución que unos y otros habían jurado obedecer y hacer obedecer. Por eso, cuando ahora se habla de imponer la democracia, nadie puede creer porque todos imaginan sistemáticamente la aviesa intención de "hacer trampas", ya que la democracia que anhela el pueblo argentino está muy distante de la que le quieren imponer.

Todo parece inexplicable en este absurdo proceso. Es que los mandos militares están sometidos a dos presiones: la exterior y la de la opinión pública argentina. La primera hace imposible gobernar a la República y sin la segunda naturalmente no se la puede gobernar. Así han ido de desatino en desatino, pues el "retorno a la democracia por vía electoral" que les exigen desde el exterior, para darles armas y empréstitos, restauraría el peronismo. Sus consejeros foráneos les exigen entonces algo irrealizable: quieren que inventen una democracia con los escuálidos cuadros gorilas, semigorilas y filogorilas, pero sumadas estas tres categorías no alcanzarían a ganar un escaño municipal. Así se explica que hayan fraguado un gigantesco sistema de vetos y exclusiones con el propósito de desterrar de la vida política no a un partido ni a un hombre únicamente, sino a la opinión pública nacional.

Pocos pueblos en el mundo han alcanzado la madurez política del argentino y pocos, en su conjunto, saben como él lo que quieren; sin embargo, pocas son las comunidades que se encuentren sometidas como la nuestra a violentos procedimientos de presión que anulan su soberanía y destruyen todo vestigio de la libre expresión que puede caracterizar a un sistema representativo y popular. Nunca, en la historia política argentina, se ha presenciado una manifestación más monstruosa de falta de respeto a la voluntad popular, menos aún con el cinismo de afirmar que se lo hace en nombre y defensa de la democracia.

Lo que ocurre en realidad es que por escapar a la evolución e imponer el demoliberalismo capitalista se están intentando soluciones basadas en la simulación y la falsedad, sin darse cuenta que nada estable y duradero se puede fundar en la mentira. Si se desean evitar males mayores será preciso comprender que el país está viviendo horas decisivas y que de las soluciones que se alcancen dependerá un futuro que puede ser venturoso si somos capaces de proceder con grandeza o luctuoso si no nos desprendemos de nuestros propios intereses para luchar por los de la patria. Los que han pretendido someter al pueblo, se habrán percatado en estos ocho años de su inútil empeño, que tanto mal ha causado al país y que, al final, se ha vuelto contra ellos mismos. Es que no se puede ofender a la comunidad sin que algo de esa ofensa recaiga sobre cada uno de los que la componen.

Todos luchamos por una democracia argentina, pero esa democracia no ha de ser impuesta por el capitalismo ni por el comunismo, sino por el pueblo argentino, y, para que ello suceda, debe dejarse actuar libremente al pueblo y no manejado por agentes cipayos. Si, en realidad de verdad, los que actualmente usurpan el poder en la Argentina, tienen la sana intención de imponer una democracia constructiva y argentina, ¿por qué no siguen el ejemplo de Brasil: recurren al plebiscito popular y preguntan antes que nada, quién quiere el pueblo que gobierne en la Argentina? Es claro que mientras deban obedecer órdenes foráneas y servir intereses ajenos a la nacionalidad, tal cosa será irrealizable; por eso también es indispensable que antes de buscar la solución interna, nuestro país reconquiste la independencia y soberanía que se perdieron en un fatídico 16 de septiembre.

Lo que sucede con la economía, no difiere mucho de lo que ocurre con la política: cuando hace casi veinte años el Justicialismo anunciaba la "hora de los pueblos" y su doctrina, el mundo demoliberal, el comunista y el socialista, apoyados por el imperialismo capitalista, lanzaban su ofensiva con la acusación de "demagogia", "nazifascismo", etc. Sin embargo ha pasado el tiempo y como afirma Jesús Suevos, la evolución paulatina e irremediable, ha ido alejándonos de los supuestos liberales que ya en la segunda mitad del siglo XIX comenzaron su fracaso, que se acentuó decisivamente con el desarrollo económico del siglo XX y se hizo efectivo e irreversible en la situación emergente de la Segunda Guerra Mundial.

La evolución nos está llevando imperceptiblemente hacia la revolución y no habrá fuerza capaz de evitarlo: por el camino del Justicialismo (o por el del comunismo, a pesar de su absoluta diferencia) se ha de realizar en la República Argentina el fatalismo evolutivo. Ha terminado en el mundo el reinado de la burguesía y comienza el gobierno de los pueblos. Con ello el demoliberalismo y su consecuencia el capitalismo, han cerrado su ciclo. "Queda el problema de establecer cuál es la democracia posible para el hombre de hoy, que concilie la planificación colectiva que exigen los tiempos con la garantía de libertad individual que el hombre debe disfrutar inalienablemente." Los justicialistas hemos dicho nuestra palabra y hemos ofrecido la experiencia de diez años de gobierno que han sido reafirmados por los ocho años de desastres provocados por el cambio que introdujeron los usurpadores del poder popular.

* * *

Una patente ignorancia y una inaudita falta de grandeza en los hombres que las circunstancias han puesto en situación de decidir, están malogrando las posibilidades de llegar a una solución por pretender solucionar el problema mediante fórmulas y esquemas dirigidos a burlar la voluntad popular y no a satisfacerla, sin darse cuenta que sin un cambio de hombres y de sistema nada podrá remediarse. Pretender imponer el demoliberalismo en lo político y dar impulso socialista a lo social, es como montar simultáneamente sobre dos caballos, uno que marcha hacia el siglo XIX y otro que corre hacia el siglo XXI: las consecuencias son más que previsibles.

Para la historia política argentina de los últimos veinte años, 1963

LOS DEBERES
DE LA JUVENTUD PERONISTA

Los acontecimientos de estos últimos días hacen prever horas difíciles en el avenir de nuestra Patria.

La Juventud Peronista está en el deber de asumir sus responsabilidades, y para ello, es indispensable que nuestros jóvenes luchadores estén bien claros sobre los aspectos fundamentales de esta lucha que ya lleva diez años.

¿Qué busca el peronismo?

No intentamos de ninguna manera sustituir un hombre por otro, sino un sistema por otro sistema. No buscamos el triunfo de un hombre o de otro sino el triunfo de una clase mayoritaria, y que conforma el pueblo argentino: la clase trabajadora.

Y porque buscamos el poder, para esa clase mayoritaria, es que debemos prevenirnos contra el posible "espíritu revolucionario" de la burguesía. Para la burguesía, la toma del poder significa el fin de su revolución. Para el proletariado –la clase trabajadora de todo el país– la toma del poder es el principio de esta revolución que anhelamos, para el cambio total de las viejas y caducas estructuras demoliberales.

Como lucha. Nuestro deber ante la masa

La Juventud debe en forma definitiva terminar por organizarse, y para ello debe tener en cuenta lo siguiente:

1. Trazarse una justa línea política, a través de una organización unitaria de conducción centralizada, que desarrolle un programa político donde se contemplen las necesidades de la masa. Hay que estudiar aceleradamente sobre la realidad, los problemas –éxitos y fracasos–; del análisis surgirá sin duda la justa línea política.

2. Desarrollar una clara actitud: antiimperialista, anticapitalista y antioligárquica y feudal latifundista.

3. Tener íntima relación con la masa –la táctica y la estratégica deben confundirse con la masa– no olvidar jamás que los combatientes provienen de la masa y que sin el apoyo de la masa, es imposible la labor revolucionaria.

4. Hay que trabajar con los elementos activos –elevar a los medianos y ayudar a los atrasados–. Ello incrementa las fuerzas revolucionarias y posibilita tener un verdadero apoyo de base.

5. Evitar los errores llamados "de izquierda" o de "derecha". Es un error "de izquierda" cuando se realiza una crítica aguda, sin haberse realizado antes un análisis, y sin tener los fundamentos de esa crítica.

Es un error "de derecha" cuando no se quiere ver el error y cuando finalmente se lo ve, no se lo critica. No puede haber coexistencia con los errores.

La crítica debe ser seria y fundada. Al equivocado se le debe permitir reivindicarse. Para ello deben implantar la crítica y la autocrítica.

6. Las bases juveniles deben expresar sus opiniones. La dirección debe centralizarlas y luego de estudiadas deben volver al seno de la masa juvenil. De esta forma se establece realmente un método democrático y pueden ser establecidos y mantenidos los principios fundamentales de unidad y disciplina. Los cuadros de la organización deben someterse de mayor a menor y siempre debe aplicarse lo resuelto por la mayoría.

Los grandes problemas no deben resolverse individualmente, por ello, la conducción colectiva debe ser con responsabilidad individual; [así] se cometen menos errores.

Consejo final

Si realmente trabajamos por la liberación de la patria, si realmente comprendemos la enorme responsabilidad que ya pesa sobre nuestra juventud, debemos insistir en todo lo señalado. Es fundamental que nuestros jóvenes comprendan que deben tener siempre presente en la lucha y en la preparación de la organización que: es imposible la existencia pacífica entre las clases oprimidas y opresoras. Nos hemos planteado la tarea fundamental de triunfar sobre los explotadores, aun si ellos están infiltrados en nuestro propio movimiento político.

La patria espera de todos ustedes la postura seria, firme y sin claudicación.

Un gran abrazo.

Mensaje a la juventud, *Madrid, 20 de octubre de 1965*

EL PROBLEMA ARGENTINO ES POLÍTICO

A diferencia de lo que muchos han creído, para mí el problema argentino es eminentemente político. Es precisamente por la permanencia en la inestabilidad política, por lo que se han acumulado los problemas que han venido preocupándonos en los demás órdenes, ya sean económicos, sociales, culturales, etcétera.

El asesinato del secretario de la Confederación General del Trabajo no es sino la culminación de una descomposición política, que los hechos han venido acumulando a lo lago de una enconada lucha, que influyó sobre algunos sectores de nuestra juventud, quizá en momentos justificada, pero que hoy amenaza con tomar caminos que divergen totalmente de los intereses esenciales de la República, por los cuales nosotros hemos de luchar a la altura de la responsabilidad que tenemos.

No es secreto para nadie que en el campo político convergen situaciones internas y aun foráneas, que alimentan permanentemente las descompo-

siciones parciales de sectores que vienen amenazando al propio Estado, después de intentar en gran medida la descomposición del hombre argentino. Yo creo que tales tendencias, especialmente foráneas, son las que han provocado la mayoría de los problemas que nosotros debemos compulsar en la actualidad.

Es indudable que el imperialismo capitalista como el imperialismo marxista, tienen tendidas sus líneas, no sólo en la República Argentina, sino en todos los países del mundo. Es que el peligro acuciante de una tierra desolada hace que cada uno de ellos lance sus miradas codiciosas sobre las grandes reservas que hoy subsisten en esa tierra.

El problema de la comida y de la materia prima, impulsa ya a los superdesarrollados a lanzarse a la conquista de las carencias futuras, y eso es precisamente de lo que nosotros tenemos obligación de defendernos desde ya, porque si dejamos que el tiempo pase, tendremos después que resignarnos a una desgracia, que indudablemente nos llegará a su turno.

Tanto el imperialismo capitalista, como el imperialismo marxista –que a pesar de lo que muchos dicen existe también–, se sienten todos los días en todos los países de la tierra; unos pretendiendo entrar por una penetración económica y otros pretendiendo hacerlo por una penetración ideológica que, en ambos casos, resultará al final una ocupación política o una ocupación militar, como ya hemos presenciado en muchas partes del mundo.

Son esas fuerzas las que han creado los signos de la ultraderecha y de la ultraizquierda. Una, de la cual nosotros hemos sentido –durante estos últimos años especialmente– la influencia en nuestra política, en nuestra economía, y en el estado social deficiente en que encontramos el país. La otra, que comienza a aparecer bajo una nueva faz, "la guerrilla". A ambas yo las conozco, como he dicho otras veces, desde que eran naranjos, como el cuento del cura con el crucifijo.

Tanto la ultraderecha, como la ultraizquierda, suelen estar juntas y a veces aliadas. Lo hemos visto en el terreno de la política internacional; Yalta, al terminar la guerra, es un ejemplo de ello, y Postdam, cristalizando tratados que hicieron posible la ocupación de Santo Domingo con cuarenta mil marines, con el OK de los rusos; así como la ocupación de Checoslovaquia con las fuerzas del Pacto de Varsovia, con el OK de los yanquis.

Y eso que se ve en el campo internacional, se reproduce en las luchas internas de los distintos países sometidos a la influencia de tales excrecencias ideológicas.

Tenemos nosotros que enfrentar ese problema, porque es previo a poder encarar la reconstrucción. Todas las fuerzas políticas argentinas, sin excepción, nos han hablado de una liberación que nosotros compartimos, pero desgraciadamente, no todos han dicho de qué liberación se trata y cuál es el orden de la dependencia que es necesario suprimir.

Para nosotros los justicialistas, tanto uno como otro de los imperialismos son ajenos a toda nuestra concepción ideológica. Nosotros pensamos en un mundo nuevo, donde han de resolverse los problemas mediante una universalización, que permita a la tierra seguir subsistiendo ante el grave peligro a que está sometida. Pero queremos que esa universalización no sea ordenada por los imperialismos, ni realizada por ellos, porque entonces sabemos en favor de quiénes se hará y quiénes sufrirán las consecuencias de lo que se haya hecho.

El problema argentino, no es solamente argentino; es el problema del mundo, y ningún país escapa a él.

Todos estamos bajo una amenaza común y todos tenemos enemigos comunes, las manifestaciones que aquí se producen las tenemos que vencer nosotros. Si no lo hacemos, no estaremos a la altura de nuestra responsabilidad.

Hemos demostrado ser hombres que no tenemos prejuicios ideológicos sobre ningún país ni sobre ninguna tendencia. Pero también tenemos una convicción simple sobre las conveniencias de nuestro país, las que hemos de tratar de imponer por todos los medios, convencidos de que ese es el único destino en cuya defensa está puesta toda nuestra responsabilidad.

DISCURSO PRONUNCIADO EL 1º DE OCTUBRE DE 1973

EL ÚLTIMO DISCURSO EN LA PLAZA DE MAYO

Compañeros: Retempla mi espíritu estar en presencia de este pueblo que toma en sus manos la responsabilidad de defender la patria. Creo, también, que ha llegado la hora de que pongamos las cosas en claro.

Estamos luchando por superar lo que nos han dejado en la República y, en esta lucha, no debe faltar un solo argentino que tenga el corazón bien templado.

Sabemos que tenemos enemigos que han comenzado a mostrar sus uñas. Pero también sabemos que tenemos a nuestro lado al pueblo, y cuando éste se decide a la lucha, suele ser invencible.

Hoy es visible, en esta circunstancia de lucha, que tenemos a nuestro lado al pueblo, y nosotros no defendemos ni defenderemos jamás otra causa que no sea la causa del pueblo.

Yo sé que hay muchos que quieren desviarnos en una o en otra dirección, pero nosotros conocemos perfectamente bien nuestros objetivos y marcharemos directamente a ellos, sin influenciarnos ni por los que tiran desde la derecha ni por los que tiran desde la izquierda.

El gobierno del pueblo es manso y es tolerante, pero nuestros enemigos deben saber que tampoco somos tontos.

Mientras nosotros no descansamos para cumplir la misión que tenemos y responder a esa responsabilidad que el pueblo ha puesto sobre nuestros hombros, hay muchos que pretenden manejarnos con el engaño y con la violencia; nosotros, frente al engaño y frente a la violencia, impondremos la verdad, que vale mucho más que eso. No queremos que nadie nos tema; queremos, en cambio, que nos comprendan. Cuando el pueblo tiene la persuasión de su destino, no hay nada que temer. Ni la verdad, ni el engaño, ni la violencia, ni ninguna otra circunstancia, podrá influenciar a este pueblo en un sentido negativo, como tampoco podrá influenciarnos a nosotros para que cambiemos una dirección que, sabemos, es la dirección de la patria.

Sabemos que en esta acción tendremos que enfrentar a los malintencionados y a los aprovechados. Ni los que pretenden desviarnos, ni los especuladores, ni los aprovechados de todo orden podrán, en estas circunstancias, medrar con la desgracia del pueblo.

Sabemos que en la marcha que hemos emprendido tropezaremos con muchos bandidos que nos querrán detener, pero con el concurso organizado del pueblo nadie puede detener a nadie.

Por eso deseo aprovechar esta oportunidad para pedirle a cada uno de ustedes que se transforme en un vigilante observador de todos estos hechos que quieran provocarse y actúe de acuerdo con las circunstancias.

Cada uno de nosotros debe ser un realizador, pero ha de ser también un predicador y un agente de vigilancia y control para poder realizar la tarea, y neutralizar lo negativo que tienen los sectores que todavía no han comprendido y que tendrán que comprender.

Compañeros esta concentración popular me da el respaldo y la contestación a cuanto dije esta mañana.

Por eso deseo agradecerles la molestia que se han tomado de llegar hasta esta plaza.

Llevaré grabado en mi retina este maravilloso espectáculo, en que el pueblo trabajador de la ciudad y de la provincia de Buenos Aires, me trae el mensaje que yo necesito.

Compañeros, con este agradecimiento quiero hacer llegar a todo el pueblo de la República nuestro deseo de seguir trabajando para reconstruir nuestro país y para liberarlo. Esas consignas, que más que mías son del pueblo argentino, las defenderemos hasta el último aliento.

Para finalizar, deseo que Dios derrame sobre ustedes todas las venturas y la felicidad que merecen. Les agradezco profundamente el que se hayan llegado hasta esta histórica Plaza de Mayo. Yo llevo en mis oídos la más maravillosa música que, para mí, es la palabra del pueblo argentino.

MENSAJE PRONUNCIADO EL 12 DE JUNIO DE 1974.

JUAN DOMINGO PERÓN

1895/1910
Infancia

El 8 de octubre de 1895 nace en la localidad bonaerense de Lobos Juan Domingo Perón, hijo de Mario Tomás Perón Dutey y de Juana Sosa Toledo. Su padre había sido juez de Paz en la ciudad de La Plata y cuando el gobierno lo trasladó a Lobos opta por dedicarse a la producción agropecuaria.

En el año 1900, la familia Perón se instala en el territorio de Santa Cruz. Cuatro años más tarde, se muda a Chubut. En 1904, su familia lo envía a la casa de su abuela Dominga Dutey en Buenos Aires, donde completa sus estudios primarios. Ingresa luego como pupilo a la escuela secundaria –el Colegio Internacional Politécnico de Olivos–. En 1910 rinde y aprueba el ingreso al Colegio Militar de la Nación.

1911/1929
Primeros tiempos militares

A principios de 1911 comienza sus estudios en el Colegio Militar. Egresa el 13 de diciembre de 1913 como subteniente de infantería. Inmediatamente pasa a revistar en el Regimiento 12 de Infantería de Línea en Paraná. En 1915 asciende al grado de teniente. En 1918 gana el campeonato militar de esgrima, deporte que practica durante muchos años. En ese año y en el siguiente integra varias comisiones militares enviadas a restablecer el orden en regiones con huelgas y conflictos sociales. A fines de 1919 es ascendido a teniente primero. En 1920 es destinado a la Escuela de Suboficiales «Sargento Cabral», donde comienza a dedicarse a tareas docentes. En 1924 es promovido al grado de capitán. Entre 1926 y 1928 cursa en la Escuela Superior de Guerra y obtiene el diploma de Oficial de Estado Mayor. El 5 de enero de 1929 contrae matrimonio con Aurelia Tizón. Desde inicios del mes siguiente pasa a desempeñar tareas administrativas en el Estado Mayor del ejército.

1930/1943
Entrada en la política

El 15 de enero es designado profesor suplente en la Escuela Superior de Guerra. Entre junio y agosto participa del grupo uriburista que prepara el golpe de Estado. El 3 de septiembre se distancia de ese grupo, pero mantiene su adhesión al proyecto golpista y se integra al núcleo liderado por Sarobe y Justo. El 6 de septiembre colabora en la ocupación de la Casa de Gobierno. Al día siguiente es nombrado secretario privado del nuevo ministro de Guerra, general Francisco Medina. En noviembre es promovido a profesor titular de Historia Militar en la Escuela Superior de Guerra. Asciende en 1931 a mayor. Publica *El frente oriental de la Guerra Mundial de 1914.* En 1932 es nombrado ayudante de campo del ministro de Guerra, general Manuel Rodríguez. Publica *Apuntes de historia militar.* En 1935 publica su *Toponimia patagónica de etimología araucana.* El 26 de febrero de 1936 es designado agregado militar de la embajada argentina en Chile y a fines de ese año asciende a teniente coronel. Regresa al Estado Mayor del ejército en 1938. El 10 de septiembre muere su esposa. Parte en 1939 a una misión de estudios en Europa, donde permanece hasta 1941. En ese año es destinado en la Escuela de instrucción de tropas de montaña en Mendoza. Después de tres meses como jefe del Destacamento

ARGENTINA

EL MUNDO

ARGENTINA	EL MUNDO
1895 Se realiza el segundo censo nacional. 1898 Comienza la segunda presidencia de Roca. 1901 Ruptura entre Roca y Pellegrini. 1903 Se sanciona la Ley de Residencia. 1904 Triunfa la fórmula presidencial Quintana-Figueroa Alcorta. José Ingenieros: *La simulación en la lucha por la vida*. 1905 Revolución radical. 1906 Mueren Bernardo de Irigoyen, Carlos Pellegrini y Bartolomé Mitre. 1910 Festejos del Centenario. Roque Sáenz Peña triunfa en las elecciones presidenciales.	1896 Rebelión de los *boers*. 1898 Guerra hispano-norteamericana. Independencia de Cuba. Emilio Zola: *Yo acuso*. 1901 Muere en Inglaterra la reina Victoria. Termina en China la revuelta de los *boxers*. 1905 Derrota rusa en la guerra contra Japón, revolución contra el gobierno zarista. 1909 Se agravan las tensiones entre las potencias europeas por la situación en los Balcanes. 1910 Comienza la Revolución Mexicana. Igor Stravinsky: *El pájaro de fuego*.

ARGENTINA	EL MUNDO
1912 Se sanciona la Ley Sáenz Peña. 1916 Triunfo de la fórmula Hipólito Yrigoyen-Pelagio Luna. 1918 Movimiento de la Reforma Universitaria. 1919 «Semana trágica». 1922 Marcelo T. de Alvear es elegido presidente. 1924 División entre «personalistas» y «antipersonalistas». Aparece la revista *Martín Fierro*. 1927 Se funda el periódico nacionalista «La Nueva República». 1928. Amplio triunfo electoral de Hipólito Yrigoyen.	1912 Thomas Mann: *Muerte en Venecia*. 1914 Comienza la Primera Guerra Mundial. 1917 Estados Unidos entra en la guerra. Rusia: revolución de octubre. 1918 Termina la guerra. Surge la República de Weimar. 1922 Benito Mussolini dirige la marcha sobre Roma. 1924 Muere Lenin. Víctor Haya de la Torre funda el APRA. 1927 Ejecución de N. Sacco y B. Vanzetti. 1929 Derrumbe de la bolsa de Nueva York. Trotsky es expulsado de la Unión Soviética. André Breton: *Segundo manifiesto surrealista*.

ARGENTINA	EL MUNDO
1930 Un golpe militar encabezado por el general José F. Uriburu derroca al gobierno de Yrigoyen. 1931 El 5 de abril la fórmula del radicalismo se impone en los comicios para gobernador y vice de la provincia de Buenos Aires. La elección es anulada. En las elecciones nacionales del 8 de noviembre triunfa la fórmula Agustín P. Justo-Julio A. Roca. 1933 Firma del pacto Roca-Runciman. Muerte de Hipólito Yrigoyen. Ezequiel Martínez Estrada: *Radiografía de la pampa*. 1935 Comienza el debate de las carnes. El radicalismo levanta la abstención electoral y Amadeo Sabattini es elegido gobernador de Córdoba. Muere Carlos Gardel. 1936 Manuel Fresco gobernador de Buenos Aires. Raúl González Tuñón: *La rosa blindada*. 1937 En elecciones fraudulentas, triunfa la fórmula presidencial Roberto	1930 Golpes de Estado en América Latina. Se extiende a Europa la crisis económica. 1931 Establecimiento de la Segunda República en España. Japón invade Manchuria. 1932 Franklin Roosevelt llega a la presidencia. 1933 Hitler es designado canciller de Alemania. Golpe de Dollfuss en Austria. 1935 Los ejércitos de Mussolini invaden Etiopía. Chiang-Kai-Shek es nombrado presidente de China; Mao-Tse-Tung se instala en Yenán. Cole Porter: *Begin the Beguine*. 1936 Comienza la guerra civil en España. En Francia, el Frente Popular gana las elecciones. John M. Keynes: *Teoría general del interés, la ocupación y el dinero*. 1937 Pablo Picasso: *Guernica*. Walt

JUAN DOMINGO PERÓN

de Montaña de Mendoza, es trasladado en 1942 a Buenos Aires para cumplir funciones en la Inspección de tropas de montaña, cuyo jefe era el

general Edelmiro Farrell. Participa activamente en la logia militar llamada GOU y en la organización del golpe militar del 4 de junio de 1943. Interviene en la redacción de la proclama. Es nombrado jefe de la secretaría del ministerio de Guerra. Cuando Farrell es nombrado vicepresidente, Perón pasa a dirigir el Departamento Nacional del Trabajo. El 27 de noviembre se crea la Secretaría de Trabajo y Previsión, a cargo de Perón.

1944/1945

Crisis y éxitos liminares

El 22 de enero de 1944 conoce a Eva Duarte en un festival realizado en el Luna Park para recaudar fondos en beneficio de las víctimas del terremoto de San Juan. El 26 de febrero es designado ministro de Guerra del presidente Farrell. El 10 de junio pronuncia una conferencia inaugurando la cátedra de Defensa Nacional de la Universidad de La Plata, denunciada por el gobierno norteamericano por contener ideas totalitarias. El 7 de julio es designado vicepresidente de la nación. Retiene los otros cargos y desde septiembre ejerce también la presidencia del Consejo Nacional de Posguerra. El 9 de octubre de 1945 un grupo de oficiales exige su alejamiento del gobierno. Cuatro días más tarde es detenido y llevado a Martín García. El 17 de octubre es trasladado al Hospital Militar y por la noche habla desde los balcones de la Casa

Rosada a la multitud reunida para reclamar su liberación. Al día siguiente solicita su pase a retiro. El 22 de octubre contrae matrimonio con Eva Duarte. El 14 de noviembre se funda el Partido Laborista, que sostiene su candidatura presidencial. El 7 de diciembre es reconocida por la justicia la UCR (Junta Renovadora) que también lo apoya.

1946/1955

Sus gobiernos

En las elecciones del 24 de febrero de 1946 triunfa su candidatura. El 31 de mayo, Farrell resuelve reincorporarlo al servicio activo y dispone su ascenso a general de brigada. El 4 de junio asume la Presidencia. En 1949, la Constitución Nacional es reformada para permitir su reelección. Poco antes de los comicios de 1951, el general Menéndez encabeza un alzamiento militar, que fue sofocado. Triunfa por un amplio margen en las elecciones del 11 de noviembre de 1951. El 26 de julio de 1952 fallece Eva Perón. En ese año y el siguiente viaja a Chile y a Paraguay para firmar acuerdos de integración y colaboración recíproca. La visita de la misión encabezada por Milton Eisenhower permite mejorar los vínculos con Estados Unidos. En noviembre

ARGENTINA	EL MUNDO
M. Ortiz-Ramón S. Castillo. 1940 El presidente Ortiz interviene la provincia de Buenos Aires. En agosto, Ortiz, enfermo, delega el mando en Castillo. 1941 Rodolfo Moreno es elegido gobernador de Buenos Aires. 1942 Muere Alvear. Se crea la Unión Democrática. 1943 Muere Agustín P. Justo. Robustiano Patrón Costas, dirigente conservador de Salta,es designado candidato oficialista. El 4 de junio, un movimiento militar derroca a Castillo. El general Pedro Pablo Ramírez es presidente. El gobierno decreta la disolución de los partidos políticos y la obligatoriedad de la enseñanza religiosa en las escuelas.	Disney: *Blancanieves y los siete enanitos*. 1938 Hitler continúa su política de anexiones. Los japoneses avanzan en territorio chino. 1939 Se inicia la Segunda Guerra Mundial. Victor Fleming: *Lo que el viento se llevó*. 1940 Europa continental queda en manos de las fuerzas del Eje. 1941 Estados Unidos entra en la guerra. Ruptura del pacto germano-soviético. Orson Welles: *El ciudadano*. 1943 Primera reunión entre Churchill, Stalin y Roosevelt. Deposición de Mussolini.
1944 El 24 de febrero el general Edelmiro J. Farrell reemplaza a Ramírez. A fines de febrero, Argentina rompe relaciones con el Eje. El 23 de agosto, una multitud se congrega en Plaza Francia para celebrar la liberación de París. El 15 de octubre, el coronel Perón anuncia la sanción del Estatuto del Peón. 1945 En mayo llega el nuevo embajador norteamericano, Spruille Braden. En agosto se forma la Junta Coordinadora Democrática, que reclama la entrega del gobierno a la Corte Suprema y organiza el 19 de septiembre la Marcha de la Constitución y de la Libertad. El 8 de diciembre se realiza el primer gran acto público de la Unión Democrática y veinte días más tarde la Convención Nacional de la Unión Cívica Radical aprueba la fórmula Tamborini-Mosca.	1944 Desembarco de los Aliados en Normandía. Liberación de París. Las tropas soviéticas llegan a Varsovia. Continúa la matanza nazi en campos de exterminio. William Beveridge: *Pleno empleo en una sociedad libre*. Sergei Eisenstein: *Iván el terrible*. 1945 Concluye la guerra. Estados Unidos lanza la bomba atómica sobre Hiroshima y Nagasaki. Hitler se suicida. Se divide el territorio alemán y se inician los juicios de Nuremberg. Conferencias de Yalta, Postdam y Moscú. Creación de la Organización de las Naciones Unidas. De Gaulle es presidente de Francia. Bertold Brecht: *Terror y miseria del Tercer Reich*. George Orwell: *Rebelión en la granja*.
1946 En las elecciones del 24 de febrero, la fórmula Perón-Quijano obtiene 1.499.282 votos, contra 1.210.819 de la Unión Democrática. 1947 El 29 de enero Luis Gay es separado de la dirección de la CGT. Bernardo Houssay recibe el Premio Nobel de Medicina y Fisiología. 1948 Leopoldo Marechal: *Adán Buenosayres*. 1949 Reforma de la Constitución. Desafuero de Ricardo Balbín. 1951 Expropiación del diario *La Prensa*. Levantamiento del general Benjamín Menéndez. Reelección de Perón. 1952 El 26 de julio muere Eva Duarte de Perón. Jorge Luis Borges: *Otras inquisiciones*. 1953 El 15 de abril estallan dos bombas en un acto de la CGT. En represalia son	1946 Primera asamblea de la ONU. Winston Churchill denuncia la instalación de la «cortina de hierro». 1947 Independencia de la India. Plan Marshall. Se funda la CIA. 1948 Constitución del Estado de Israel. La Unión Soviética dispone el bloqueo de Berlín. Asesinato del Mahatma Gandhi. 1949 Mao-Tse-Tung proclama la República Popular China. Creación de la OTAN. 1950 Se inicia la guerra de Corea. Akira Kurosawa: *Rashomon*. 1952 Conflictos de Gran Bretaña con Egipto e Irán. Surge el Congreso Nacional Africano. 1953 Muere José Stalin. Finaliza la

1944/1945

1946/1955

JUAN DOMINGO PERÓN

de 1954 pronuncia un discurso de crítica a la jerarquía eclesiástica; se inicia el enfrentamiento con la Iglesia Católica. Se establece la ley de divorcio y se suprime la enseñanza religiosa en las escuelas. El 16 de junio de 1955, aviones de la Marina bombardean la Casa de Gobierno con el propósito de eliminar a Perón. El 31 de agosto ofrece su renuncia y, luego, ante la multitud reunida en Plaza de Mayo, expresa su decisión de permanecer en el cargo y formula uno de sus más violentos discursos. El 16 de septiembre se produce un levantamiento militar. Sin que medie una renuncia escrita, Perón se asila en la embajada paraguaya y, pocos días más tarde, abandona el país. Se instala en Paraguay y luego en Panamá. Allí conoce a María Estela Martínez. El 30 de octubre, el Tribunal de Honor del ejército lo descalifica para ostentar el título del grado y usar el uniforme militar.

1956/1971
El exilio

En 1956, el gobierno provisional convierte en delito el uso de emblemas, fotografías, marchas o cualquier tipo de símbolo asociado al llamado régimen depuesto. Perón deja Panamá y, después de un breve paso por Nicaragua, se instala en Caracas. En julio de 1957, imparte la orden de votar en blanco para las elecciones de convencionales constituyentes. Así lo hace una cuarta parte de los votantes. Ante el derrocamiento de Pérez Jiménez, Perón se traslada a principios de 1958 a la República Dominicana. Desde allí, recomienda a los peronistas el voto a Frondizi. A comienzos de 1960 se muda a España, donde permanece hasta el fin de su exilio. El 15 de noviembre de 1961 contrae matrimonio con María Estela Martínez. El 2 de diciembre de 1964 intenta el retorno a la Argentina, pero es detenido al llegar a Río de Janeiro. En 1965 envía a su esposa a la Argentina para asegurar su liderazgo, amenazado por la figura de Vandor. El 28 de junio de 1966, las fuerzas armadas destituyen al presidente Illia. El evento recibe el apoyo de Perón y de los sindicatos peronistas. Desde mediados de julio, José López Rega se incorpora al personal que asiste a Perón en menesteres cotidianos. Al mes de iniciado el nuevo gobierno, Perón escribe sus primeras críticas, posición que mantiene a lo largo de todo el régimen autoritario. Multiplica sus contactos con los dirigentes de la oposición y trata de reordenar el dividido movimiento peronista. En 1971 vuelve a anunciar su voluntad de retornar pronto al país.

1972/1974
El regreso y la muerte

En julio de 1972 Lanusse define sus condiciones para el regreso de Perón. El 17 de noviembre vuelve a la Argentina. Tres días más tarde se reúne con la dirigencia opositora. A principios de 1973 vuelve a Madrid. En las elecciones nacionales triunfa la fórmula Héctor J. Cámpora-Vicente Solano Lima. Perón designa a José López Rega para que lo represente en la ceremonia de asunción.

El 20 de junio retorna definitivamente al país. Desde los primeros días los círculos políticos y la prensa se refieren con frecuencia a su delicado estado de salud. El 11 de julio se anulan las disposiciones que le impedían usar el grado y el uniforme militar. Se multiplican las declaraciones sindicales reclamando que Perón vuelva a ejercer la presidencia. El 13 de julio renuncian Cámpora y Solano Lima. La fórmula Juan Domingo Perón-María Estela Martínez de Perón triunfa en las elecciones del 23 de septiembre con el 62% de los sufragios. El 12 de octubre, asume la presidencia. El 29 de junio de 1974 delega el mando en la vicepresidenta. Muere el 1 de julio.

ARGENTINA	EL MUNDO
incendiadas la Casa del Pueblo, la Casa Radical, la sede del Partido Demócrata y el Jockey Club. 1954 Se inicia el conflicto del gobierno con la Iglesia Católica. 1955 El 16 de septiembre se sublevan guarniciones de las fuerzas armadas y el 23 de septiembre el general Eduardo Lonardi asume la presidencia. El 13 de noviembre es reemplazado por el general Pedro E. Aramburu.	guerra de Corea. 1954 Los franceses son derrotados en Indochina. División de Vietnam. Gamal Abdel Nasser llega a la presidencia de Egipto. Federico Fellini: *La strada*. 1955 Firma del Pacto de Varsovia. Se reúne en Bandung la Conferencia de países de Asia y África.
1956 Fracasa el alzamiento del general Valle. Fusilamientos de civiles en José León Suárez. Julio Cortázar: *Final del juego*. 1957 Se realiza la Asamblea Constituyente. 1958 Arturo Frondizi triunfa en las elecciones presidenciales. 1960 Muere Amadeo Sabattini. 1961 El 12 de febrero Alfredo Palacios es electo senador por la Capital Federal. 1962 Las fuerzas armadas deponen a Frondizi. José María Guido asume la presidencia. Septiembre: primer enfrentamiento de "azules" y "colorados". 1963 Segundo enfrentamiento entre «azules» y «colorados». En las elecciones nacionales del 7 de julio triunfa la fórmula Arturo Illia-Carlos Perette. 1964 Se inicia el «Plan de lucha» de la CGT. 1966 Un golpe militar encabezado por el general Juan Carlos Onganía depone al presidente Illia. 1969 29 de mayo: el «Cordobazo». El 30 de junio es asesinado Augusto Vandor. 1970 29 de mayo: secuestro del general Aramburu. El 13 de junio Roberto M. Levingston reemplaza al general Onganía. 1971 El 23 de marzo asume la presidencia el general Alejandro A. Lanusse.	1956 Nasser nacionaliza el Canal de Suez. 1957 Tratado de Roma: surge la Comunidad Económica Europea. La descolonización avanza en el África y el Medio Oriente. 1959 Revolución cubana. 1960 Primeros conflictos entre China y la Unión Soviética. John F. Kennedy derrota a Richard Nixon. 1961 Ruptura de relaciones entre Estados Unidos y Cuba. En el Congo, es asesinado Patrice Lumumba. 1962 Independencia de Argelia. Andy Warhol: *Cien latas de sopa Campbell*. 1963 Asesinato de Kennedy. 1965 Concluye el Concilio Vaticano II. 1966 «Revolución cultural» en China. Bombardeos norteamericanos en Vietnam. 1967 «Guerra de los seis días». 1968 «Primavera de Praga». «Mayo francés». Son asesinados Martin Luther King y Robert Kennedy. 1969 La nave Apollo XI llega a la Luna. 1970 Salvador Allende presidente de Chile.
1972 Lanusse da a conocer en julio las condiciones básicas para la salida electoral. Masacre de Trelew. El gobierno llama a elecciones para el 11 de marzo de 1973. 1973 La fórmula Héctor J. Cámpora-Vicente Solano Lima obtiene el 49,5% de los sufragios. El 13 de julio renuncian y asume la presidencia Raúl Lastiri. Adolfo Bioy Casares: *Dormir al sol*. 1974 Se acentúa la división del peronismo y recrudece la violencia política. Ernesto Sábato: *Abbadón, el exterminador*. Sergio Renán: *La tregua*.	1972 Nixon visita la Unión Soviética y China comunista. Asesinato de 13 atletas israelíes en las Olimpíadas de Munich. Francis Ford Coppola: *El Padrino*. 1973 La OPEP aumenta el precio del crudo. Se descubre el «caso Watergate». Guerra de Yom Kippur. Las dos Alemanias establecen relaciones diplomáticas. Derrocamiento de Allende. Alexander Solzhenitzyn: *El archipiélago Gulag*. 1974 Nixon renuncia. «Revolución de los claveles» en Portugal. Valéry Giscard D'Estaing es elegido presidente de Francia.

1956/1971

1972/1974

BIBLIOGRAFÍA

OBRAS DE PERÓN

Durante los años de sus dos primeras presidencias, se imprimieron numerosos libros y folletos recopilando discursos pronunciados por Perón. Esta documentación se encuentra dispersa y es de difícil acceso. El Instituto Universitario "Juan Perón", de reciente creación, se ha propuesto organizar una biblioteca con toda la producción escrita, édita e inédita, de Perón, tarea de invalorable importancia, que llenará un vacío que hoy entorpece el acceso al conocimiento acabado de la evolución de las ideas del personaje de nuestra biografía. Cuando finalice la publicación de las Obras Completas de Perón iniciada en los últimos años contribuirá también a subsanar ese problema.

Cabe destacar que, a nuestro criterio, el repertorio bibliográfico más exhaustivo sobre Perón y el peronismo publicado a la fecha es el compilado por Marcela María Miguel, publicado en el libro de José Enrique Miguens y Frederick C. Turner, *Racionalidad del peronismo. Perspectivas internas y externas que replantean un debate inconcluso*, Buenos Aires, Planeta, 1988.

LIBROS Y ESCRITOS Entre los libros y escritos de Perón podemos citar: "Algunos apuntes en borrador sobre: lo que yo vi de la preparación y realización de la revolución del 6 de septiembre de 1930. Contribución personal a la historia de la revolución (1931)", en J.M. Sarobe, *Memorias sobre la revolución del 6 de septiembre de 1930*, Buenos Aires, Gure, 1957; *El frente oriental de la Guerra Mundial en 1914*, Buenos Aires, Círculo Militar, 1931; *Apuntes de historia militar*, Buenos Aires, Círculo Militar, 1932; "Significado de la defensa nacional desde el punto de vista militar" (1944), en *Curso de cultura superior universitaria. Cátedra de Defensa Nacional*, Universidad Nacional de La Plata, La Plata, 1945; *¿Donde estuvo?*, folleto de 1945, reproducido en Miguel Eduardo Firpo, *Perón y los peronistas*, Buenos Aires, s/e, 1965; *Doctrina revolucionaria* (recopilación de textos y discursos de Perón en los años 1944-1946), Buenos Aires, Freeland, 1974; "Conferencia pronunciada en el Primer Congreso Nacional de Filosofía", Mendoza, 09/04/1949, Subsecretaría de Informaciones de la Presidencia de la Nación. (Es el texto conocido con el nombre de *La comunidad organizada*); *Política y estrategia. No ataco, critico*, s/e (artículos firmados por Perón con el seudónimo de *Descartes* y publicados entre enero de 1951 y septiembre de 1952 en el matutino *Democracia*); *Conducción política*, Buenos Aires, Subsecretaría de Informaciones de la Presidencia de la Nación, 1954; *La fuerza* *es el derecho de las bestias*, Lima, Gráfica Mundo, 1956; *Los vendepatrias. Las pruebas de una traición*, Buenos Aires, Liberación, 1958; *La hora de los pueblos*, Buenos Aires, 1968; *Latinoamérica: ahora o nunca*, Montevideo, Diálogo, 1968; *Mensajes de junio de 1973 a junio de 1974*, Buenos Aires, Secretaría de Prensa y Difusión de la Presidencia de la Nación, 1974.

CORRESPONDENCIA

En el exilio Perón mantuvo un nutrido intercambio epistolar, parte del cual fue editado. Los libros con cartas de Perón son, sin duda, una fuente sesgada por las predilecciones de quienes las hicieron públicas pero tienen un singular valor testimonial. La más conocida es la *Correspondencia Perón-Cooke*, Buenos Aires, Granica, 1973. Con presentación de Enrique Pavón Pereyra se publicó *Correspondencia de Juan Domingo Perón*, Buenos Aires, Corregidor, 1983. El libro de Marta Cichero, *Cartas peligrosas*, Buenos Aires, Planeta, 1992 contiene algunas cartas muy importantes, en especial aquellas dirigidas al Padre Hernán Benítez. En Pedro E. Michelini, *Perón. Develando incógnitas*, Buenos Aires, Corregidor, 1993, el lector interesado encontrará cartas de los años 1965-1968, el período menos conocido de la actuación de Perón. Dispersas y como anexos a muchos otros libros, se publicaron otras cartas cuya mención completa resulta imposible de realizar en esta breve bibliografía sobre el personaje de nuestra biografía política. La correspondencia dirigida a los jóvenes peronistas puede consultarse en: Roberto Baschetti, *Documentos (1970-1973). De la guerrilla peronista al gobierno popular*, Buenos Aires, De la Campana, 1995.

OBRAS SOBRE PERÓN

BIOGRAFÍAS

El libro de Joseph Page, *Perón*, Buenos Aires, Vergara, 1984 es la primera y única biografía completa y sistemática de carácter académico sobre Perón. De la época en que ejerció sus dos primeras presidencias cabe mencionar la biografía escrita por Jorge Newton, *Perón, el visionario*, Buenos Aires, edición del autor distribuida por Kraft, 1955 y la de autoría de Enrique Pavón Pereyra, *Perón 1895-1942*, Buenos Aires, Ediciones Espiño, 1952. Ambas obras son de carácter apologético. Pavón Pereyra produjo luego otros textos de indudable valor en tanto fuentes para el análisis de la acción política y la evolución del pensamiento de Perón. Entre otros, cabe citar al respecto, *Perón tal como es*, Buenos Aires, Macacha Güemes, 1973, *Diario secreto de Perón*, Buenos Aires, Sudamericana-Planeta, 1985, y *Perón, memorial de Puerta de Hierro. El mediodía. 1955-1960*, Buenos Aires, Corregidor, 1985. El trabajo de Fermín Chavez, *Perón y el peronismo en la historia contemporánea*, Buenos Aires, Editorial Oriente, 1975, presenta una adecuada articulación entre la narración de la vida de Perón y los acontecimientos políticos del país.

**LIBROS DE
ENTREVISTAS
A PERÓN**

En este género fue pionero *Hola, Perón*, de Esteban Peicovich (Buenos Aires, Jorge Alvarez,1965). Torcuato Luca de Tena, Luis Calvo y Esteban Peicovich produjeron *Yo, Juan Perón. Relato autobiográfico*, Barcelona, Planeta, 1976, el más orgánico de los libros hechos con base en entrevistas. Eugenio P. Rom aportó un breve texto importante, *Así hablaba Perón*, Buenos Aires, Peña Lillo, 1980. En el breve trabajo de Fernando Nadra, *Conversaciones con Perón*, Buenos Aires, Anteo, 1985, Perón respondió a interrogantes que en la época se le formularon desde la óptica del Partido Comunista Argentino. *Las memorias del general*, Buenos Aires, Planeta, 1996, de Tomás Eloy Martínez, ocuparán, sin duda, un lugar muy destacado para quienes quieran conocer el particular modo de situarse ante los problemas políticos y con respecto a su propio pasado que adoptaba Perón en el comienzo de la década de 1970.

**TESTIMONIOS
DE ÉPOCA**

Son numerosos los libros con testimonios de actores que conocieron a Perón o narraron acontecimientos que lo tuvieron como figura principal. En nuestra breve biografía política hemos citado a Luis Monzalvo, *Testigo de la primera hora del peronismo, Memorias de un ferroviario*, Buenos Aires, Pleamar, 1974; Juan E. Carulla, *El medio siglo se prolonga*, Buenos Aires, edición del autor, 1965; *Memorias del almirante Isaac Rojas, Conversaciones con Jorge González Crespo*, Buenos Aires, Planeta, 1993; Rodolfo Martínez, *Grandezas y miserias de Perón. ¿Debe volver a gobernar?*, México, edición del autor, 1957; Domingo Alfredo Mercante, *Mercante: el corazón de Perón*, Buenos Aires, Ediciones de la Flor, 1995; Marta Lonardi, *Los detractores*, Buenos Aires, Ediciones Cuenca del Plata, 1981; Fermín Chávez (comp.), *La jornada del 17 de octubre por cuarenta y cinco autores*, Buenos Aires, Corregidor, 1996; Pablo J. Hernández, *Conversaciones con José María Rosa*, Buenos Aires, Colihue/Hachette, 1978. Entre otras obras de testimonios de la actuación de Perón, cabe agregar Bonifacio del Carril, *Memorias dispersas. El coronel Perón*, Buenos Aires, Emecé, 1984; Cipriano Reyes, *Yo hice el 17 de Octubre*, Buenos Aires, GS Editorial, 1973; Pedro E. Michelini, *Anecdotario de Perón*, Buenos Aires, Corregidor, 1995; Esteban Peicovich, *El último Perón*, Madrid, Cambio 16, Mundo Actual, 1975.

**ESTUDIOS SOBRE
PERÓN Y
EL PERONISMO**

El libro de Félix Luna, *El 45*, Buenos Aires, Sudamericana, 1971 presenta características que lo han convertido en un clásico para quien quiera conocer lo ocurrido en el período que antecedió a la llegada de Perón a la presidencia por primera vez. Del mismo autor, en *Perón y su tiempo*, Buenos Aires, Sudamericana, 1986, el lector encontrará una detallada descripción de lo ocurrido entre 1946 y 1955, donde se muestra la evolución de Perón. Isidro J. Ruiz Moreno, *La Revolución del 55*, 2 volúmenes, Buenos Aires, Emecé, 1994, constituye el análisis más detallado de los procesos y acontecimientos que desembocaron en el fin de la primera experiencia de gobierno del peronismo. En Ricardo del Barco, *El régimen peronista 1946-1955*, Buenos Aires, Editorial de Belgrano, 1983, se organiza un conjunto de informaciones fundamentales sobre el modo de funcionamiento político e institucional de los dos primeros gobiernos de Perón. En Orestes D. Confalonieri, *Perón contra Perón*, Buenos Aires, Editorial Antygua, 1956, se recopilaron documentos del período 1943-1955, de singular interés para pensar la evolución de Perón y el primer peronismo.

En Silvia Sigal y Eliseo Verón, *Perón o muerte. Los fundamentos discursivos del fenómeno peronista*, Buenos Aires, Legasa, 1986, se aporta una lúcida contribución al análisis de las estrategias enunciativas de Perón. Samuel Amaral y Mariano Ben Plotkin compilaron el libro *Perón del exilio al poder*, Buenos Aires, Cántaro Editores, 1993, que contiene varios artículos dedicados a analizar aspectos particulares de la acción de Perón. El libro de Jane Van Der Karr, *Perón y los Estados Unidos*, Buenos Aires, Editorial Vinciguerra, 1990, presenta un apéndice documental de más de 200 páginas que registra los cambiantes puntos de vista del Departamento de Estado norteamericano y de sus embajadores sobre Perón y el peronismo.

TEXTOS RECIENTES SOBRE LA POLÍTICA DE PERÓN

OBRAS DE REFERENCIA SOBRE EL PERÍODO

El lector interesado en ampliar sus conocimientos sobre la etapa histórica en la que vivió Perón puede consultar entre las obras recientes el libro de Luis Alberto Romero, *Breve historia contemporánea de la Argentina*, Buenos Aires, Fondo de Cultura Económica, 1994. En Ricardo Sidicaro, *La política mirada desde arriba. Las ideas del diario* La Nación *1909-1989,* Buenos Aires, Sudamericana, 1993, el lector encontrará una interpretación sociológica del desarrollo sociopolítico argentino acorde con la conceptualización empleada en esta biografía política de Perón. En Daniel James, *Resistencia e integración. El peronismo y la clase trabajadora argentina 1946-1976,* Buenos Aires, Sudamericana, 1990, se exponen un conjunto de tesis muy sugerentes sobre la forma en que Perón y el peronismo eran recibidos por los sectores populares.

Esta tirada consta de 14.000 ejemplares.